西南财经大学法学院
光华法学文丛

高晋康　主编

执法经济学：以转型时期的中国法治为研究对象

Economic Analysis of Law Enforcement in China in Transition

戴治勇 著

『执法与违法博弈视角下的执法优化研究』，国家社会科学基金（17BFX019）

法律出版社
LAW PRESS·CHINA

西南财经大学法学院 **光华法学文丛**

- 契约正义论　胡启忠 著
- 刑法科学主义初论　文海林 著
- 经济宪法学导论——转型中国经济权与权力之博弈　吴 越 著
- 中国农民工非正式的利益抗争——基于讨薪现象的法社会学分析　王伦刚 著
- 公司经理权问题研究　杜 军 著
- 论保险代位权制度的建构——以权利法定代位的制度选择为中心　黄丽娟 著
- 我国民间金融规范化的法律规制　高晋康 唐清利 等 著
- 修正金融刑法适用研究：立法 · 理论 · 实务　胡启忠 石 奎 等 著
- 银行监管权边界问题研究　熊 伟 著
- 金融控股公司内部治理机制研究　梁远航 著
- 城市住宅区业主自治运行实效研究——基于个体决策的视角　陈 丹 著
- 遵从 · 背离 · 弥合——我国中央与地方财政关系的重构　马骁 唐清利 等 著
- 中国农民专业合作社运行的民间规则研究——基于四川省的法律社会学调查　王伦刚 著
- 公私权模糊领域的合作治理研究　唐清利 著
- 民法法典化的历史追究：侧重于民族统一与复兴的视角展开　吴治繁 著
- 疑罪新论　金 钟 著
- 中国相互制保险公司治理的法律规制——基于公司治理主体权利视角　方国春 著
- 民间金融协同规制论　林越坚 著
- 执法经济学：以转型时期的中国法治为研究对象　戴治勇 著

序

戴治勇将其关于选择性执法的系列论文整理汇集成册,公开出版,我为他感到高兴。

从他当年攻读硕士学位,直到现在成为教授,我们一直保持着经常性的学术交流。他的思辨能力,对核心问题的把握,对学术理论的坚持,使我们的交流令人愉悦,我也受益良多。

我们对选择性执法的讨论,既是基于对现实的观察,也是在中国运用法律经济学的一次尝试,我们力求说明,在社会面临重大转型过程中,由于大陆法系框架内法条难以适应环境变化,在某些条件下,坚持严格执法既可能限制改革,也会降低整体社会福利。因而,执法不足、过度执法,甚至“运动式执法”等这类普遍的“选择性执法”,也许是不得不以法律公信力为代价的次优选择吧!当然,随着转型的完成,法律的完善,严格执法应该成为我们的唯一选择。

讨论是轻松的,形成的观念也是很粗糙的。要把这些观念转化为学术论文,需要做更细致、更复杂、更学术性和技术性的工作。戴治勇不仅完成了被《经济研究》录用的论文,更为难得的是在此基础上,他把选择性执法的研究扩展成学术论文系列,并最后形成专著。在这个系列中,既包括经济学,也包括法学的多个权威期刊。如今,这一理论已经得到诸多同行认可,我很高兴。

谨以此序,祝贺戴治勇。

杨晓维

2018 年 6 月

前 言

法学比经济学的历史更加源远流长，但经济学自斯密始便与法学定了亲，因为经济理论一般都暗含假定法律是“看不见的手”或市场机制配置资源发挥作用的前提，只是马歇尔开始的新古典经济学，由于经济学家更加专注于资源配置本身，不再分析这个前提，经济学便与法学分道扬镳了，只在反垄断法这个狭窄的领域偶尔“约会”一下。

自20世纪中叶接连的在经济思想史上堪称重大事件的发生，如西蒙斯进入芝加哥大学法学院，戴维德创办《法和经济学》杂志，科斯、贝克尔、加尔布雷斯以新古典经济学作为“分析的发动机”，让经济学在法律领域大放异彩，最终，1973年波斯纳《法律的经济分析》的出版标志着一门新兴学科的兴起。自此以后，几乎所有美国法学院都开始有自己的经济学教授，经济学和法学在学者眼里开始有了事实上的“合法婚姻”，尽管部分法学家仍然保守地拒绝来自经济学的“秋波”。

国内法律经济学在早期的一些法学家、经济学家介绍下很早就进入学者的视野，但由于交叉学科要求来自两方面的知识，让很多优秀的学者就此止步。尽管山东大学的黄少安教授和浙江大学的史晋川教授做了很大努力，到目前为止，可以说我们的研究起点仍然很低，法学家与经济学家的交流也很少。

2002 年进入浙江大学以后，偶然的机会读到考特、尤伦的《法和经济学》，由于以前新制度经济学的文献基础，我对里面的故事尤其感兴趣，不小心就闯进了一个新的理论世界。在我的经济学启蒙恩师杨晓维教授的引领下，我发现选择性执法是一个“金矿”，从这个角度可以对我国目前整个立法、执法体制，由此乃至法律一般制度的一直被人忽略的功能有新的认识和理解。这本著作就是从这个“金矿”里挖出的第一桶金。

毕业以后，我回到了母校西南财经大学，但跟西蒙斯一样，我并没有进入经济学院，却以科班出身的经济学博士身份进入了法学院，虽然也许不是中国最早的经济学“殖民者”，但在目前中国法学家与经济学家在这个领域各干各的而造成极度的规模不经济条件下，我认为我肯定走对了路，相信在与法学家的交流中可能找到更多的优秀选题。让我奇怪的是，为什么没有更多的经济学子看到这里正处于奈特教授的“边际报酬递增”阶段呢？

目　录

1. 导　论

撇开更加久远、抽象的如自然法、社会契约论等法理学理论不谈，我国的法学或政治学教科书重点阐述了两种流行的法学或政治学理论：一种是马克思的法学理论，一种是西方的三权分立学说。马克思认为，法律无非是统治阶级统治被统治阶级的工具，统治阶级拥有暴力优势，可以按照自己的意愿任意订立、解释和执行其法律。三权分立假说认为，权力会滋生腐败，"绝对的权力导致绝对的腐败"，因此，权力需要相互制衡，立法权和司法权必须分开，同时，为了有效制约政府，行政权也必须分开。

如果把两者作为理论的"稻草人"，它们都是有局限的。马克思的理论似乎特别能够解释当权者缺乏制约时的立法、执法情况，"朕即法律""法律就是命令"，但它忽视了统治者也有局限条件。即使是帝国时代，皇帝也会面临当时的信息约束、技术约束以及帝位可能被取代的约束。如果统治者不是一个人，而是一个阶级，这个阶级还会面临成员之间利益可能不一致，阶级成员"搭便车"的约束。三权分立假说更多的是一种规范理论，强调权力应该相互制衡，而不是实证理论，解释现实在权力制衡大小差异的原因。现实生活中不存在权力的绝对分立，司法独立不是绝对的，而常常是程度上的。一个更加贴近现实的理论是经济学视角下的理论，无论是立法（规则的制定）还是执法（规则的执行），局中人都试图在约束条件下获利，或者制定有利于自己的规则，或者使规则的解释和执行有利于自己。因此，立法是内生的，执法也是内生的。

许多学者，特别是受过西方法学理论教育的学者，以标准的三权分立学说作为基准，对当前现实中的立法、执法非常不满，并由此提出相应的改革建议。这种忽视国情的局限条件，照搬西方理论，绝对不是一个严谨学者应该具有的治学态度，他们提出的政策建议也很难得到采纳。

本书试图从现代经济学的视角，阐释当下中国的执法现状以及民众的策略反应。由于我国正处于转型时期，许多法律不尽合理，即使制定时候是合理的，随着时代的发展，在正式废除之前可能也过时了，这时法律的执行收益常常小于成本。因此，法官的职责是执行既定法律，政府却有保留控制权，干预司法的动机。而且，中央政府和地方政府干预的动机也不尽一致，这使我国当前的执法表现出很多转型时期独有的特征：运动式执法、执法懈怠、地方政府消极抵制中央政府的执法意愿、法不责众等。本书力图提出一个前后一贯的理论解释上述现象。

2. 文献综述*

法律体系是成功市场经济必不可少的条件。尽管传统经济理论并没有低估法律的重要性，但它们的问题是事先假设存在一套完善的正式法律制度，假设国家按照社会福利最大化的目标来制定和执行法律，并隐含地假设法律零成本地运行着（迪克西特，2007）。而事实上，法律可能并不完全（incomplete），国家可能不仅无法阻止交易者之间的各种机会主义掠夺，反倒成为最大的财产侵犯者（诺思，1994）。进一步来说，从法律制度到其执行是一个跨越，即使存在完善的法律，法律也可能根本得不到执行，或者执行后果与立法初衷相差很远，这既可能仅仅是由于高昂的执行成本，也可能完全不是。经济学家想象的市场只有在

---

* 本章内容发表于《管理世界》2008 年第 6 期，原文标题为《执法经济学：一个文献综述》。

当代发达国家才部分存在，而对于历史上的所有国家，当代的发展中国家或转型经济，法律起到的作用很小。

制度是经济长期增长的基础，但正式的法律制度及其执行并不是唯一重要的，非正式的制度安排以及法律的非正式执行同等重要。对于后者，新制度经济学做了大量的案例研究，证明秩序的形成不仅可能存在于双边重复博弈产生的长期关系中（埃里克森，2003），也可能存在于一个多边的稳定团体或网络中（Greif，1993，1994；Bernstein，1992，2001），私人仲裁机构（Landes 和 Posner，1979），甚至有组织的犯罪团伙（Gambetta，1993）作为信息中介和执行机构则强化并扩展了这种秩序；而对于正式的法律制度，研究传统经济理论忽略的前提，把法律当做一种价格，当做影响人们行为的激励机制，作为国家兴起以后人们决策面临的一种最大的局限条件，研究法律执行的实际后果事实上成为经济学家进入传统法学领域的突破口。

本章重点讨论正式法律制度的执行，试着从最优执法经济学的渊源谈起，对该领域近年来的发展做一梳理，由此介绍它的发展与法律经济学的兴起，与新制度经济学的关系，以及它与新古典经济学、博弈论之间的相互交融，最后对现有理论发展的不足和研究前景做一个展望。

2.1 历史渊源

按照 Polinsky 和 Shavell（2000）的说法，对执法的讨论早就有之。比如早在 1748 年，孟德斯鸠就讨论过执法。而贝卡里亚（1767）写下当时极负盛名的《论犯罪与惩罚》的时候，他主要关注的也是执法问题，即什么样的惩罚手段能够对潜在的罪犯构成有效威慑。1789 年,边沁则试图从功利角度对贝卡里亚的直觉进行论证。但遗憾的是,从此以后,经济学与法学分道扬镳了,除了在反垄断法这个狭窄的领域以外,经济学家把更多的精力放在了资源的优化配置上。这种状况直到 Becker 于 1968 年发表《犯罪与惩罚:经济分析法》以后才有所改观。在 Becker 的眼中,法律的制裁无非是提高了犯罪的价格,需求定律意味着犯罪必然减少,这就是有名的威慑假说;此外,犯罪给社会施加了成本,但执法本身也有代价,最优化要求必须在两者之间做出权衡,这就是典型的芝加哥学派反复强调的“天下没有免费的午餐”。新古典经济学分析方法的简洁和锋利首次在纯法学领域得到了漂亮的运用。由此,经济学家和法学家都看到了这个领域的巨大研究前景。可以说,Becker 的论文不仅是执法经济学的开端,更是现代法律经济学的里程碑。

另一方面,20 世纪中叶开始,芝加哥学派引领的价格理论传统更加关注“真实世界的经济学”,Director 的“捆绑销售”开始反思几十年来美国反托拉斯法的执行效果(张五常,2000),Stigler(1971)追问究竟是谁在各种管制法规中得益,谁在受损,Coase(1960)甚至直接以法庭的大量真实判例作为研究对象。尽管他们的研究领域显得更加“正统”,但可以说,他们的研究都是在以特定法律为例来讨论法律的实际执行后果。其中,最有意思的莫过于 Peltzman(1975)通过经验研究证明安全带法规并没有如立法者预料的那样导致交通事故的减少了。在这里,主流经济学的发展与法律经济学的发展开始齐头并进。

自 Becker(1968)以后,这个领域发展如此之快,以至于短短四年以后波斯纳(1973)的标志性著作《法律的经济分析》就出版了。波斯纳的工作开创了法律经济学的另一个研究方向,那就是不仅把法律看做一种价格,在分析法律的后果上,经济学可以大有作为,而且,法律制度本身也有着一种惊人的经济效率逻辑。由此,后来的执法经济学开始分析法律制度规定的各种量刑标准背后隐含的经济学原理。在 Becker(1968)、Stigler(1970)、Becker 和 Stigler(1974)的开创性研究以后，Shavell(1980，1991，1992)、Polinsky 和 Shavell(1979，1984，1991，2000)等用标准的新古典经济学范式建立起了一套相对完整的最优执法经济学。

本章不准备以具体部门法律法规的实际执行后果作为讨论对象，而把综述的重点放在对一般法律当中的各种量刑标准，以及各个参与主体，包括立法者、执法者和违法者在面临不同局限条件下行为变化的经济学逻辑上，同时兼顾它与经济学其他领域的相互影响。并且，与 Polinsky 和 Shavell(2000)的综述不同的是本书并不仅仅讨论最优执法理论，而是以其作为起点和参照系，将其隐含假设放松以后的理论进展也纳入综述中来。

2.2 理论假设

经济效率标准一直是经济理论的一个参照系。Coase(1960)的"社会成本问题"不仅证明了庇古对外部性的传统解决方式是有限制的，在许多情况下是没有效率的，而且论文中的大量案例表明普通法下的法官在解决具体外部性时事实上更加关注法律实施的各种资源配置后果，解决方式多种多样，其实施也基本符合经济效率的要求。正是它引致了后来波斯纳从更大视角下提出普通法效率假说。只是与新古典经济学强调帕累托效率标准不同，波斯纳(1997)更强调 Kaldor-Hicks 效率，因为法律试图解决的是人们之间的利益纠纷，与自愿交易带来的互利不同，由纠纷引起的非自愿交易往往意味着一方受损，一方得益。而且，由于主观效用的比较不可行，从替代概念出发，把财富最大化作为效率基准得到了大部分法律经济学家的接受。尽管法学家后来从法律的其他传统功能，如从公平、正义出发不断批评波斯纳单一的效率逻辑，但波斯纳从来没有从演绎的角度论证说法律一定是有效率的，而是不断对各种法律做经济分析，用更多的事实来验证这一点，由此归纳性地说明法律基本上是有效率(mostly efficient)的。事实上，除了Coase和波斯纳以外，试图说明普通法效率特征的还有Landes(1971)、Rubin(1977)、Priest(1977)、Priest和Klein(1984)、Cooter和Rubinfeld(1989)等。他们试图演绎性地从当事人双方和法官都最大化自己的效用出发，论证司法程序、有效率的判例法先例的形成。无论是选择庭外和解还是法庭诉讼，都是在当事人极大化效用的决策下做出的。虽然大部分案子都是在庭外解决，但当事人双方的利益却因法律规则的不同而不同。如果原、被告双方的利益都因为或者有一方因为法律规则的无效率而受损，他们就有激励去确立先例(Rubin,1977)。Priest(1977)进一步认为，判例法的效率不是来自原被告有确立先例的动机，而是由于无效率给他们交易带来的成本使他们有动力去不断挑战无效率的法律。

由于现有的最优执法理论主要是分析法律在其实施过程中的规定，所以，这种效率标准也是最优执法理论的重要特征。尽管效用无法做人际比较和加总，但财富是可以的。因此，执法经济学文献通常假定了一个建立在替代概念基础上的由个人福利(财富)加总后的社会福利函数。如果以财富最大化作为效率标准，那么罚款本身就只是财富的转移，①它是没有社会成本的，这也是Becker

① 在这种逻辑下，盗窃也是财富的转移，没有社会成本。与通常反盗窃的论点不同，法律经济学家反对盗窃的理由是盗窃作为寻租的一种形式带来小偷对偷窃技巧的资源投入和人们反盗窃的资源投入(如安装防盗门)两种浪费。

(1968)以及后来大部分执法经济学文献的标准假设,除了专门讨论罚款实施过程中本身的执行成本以外。

与传统新古典经济学一样,当分析法律本身的执行规定时,最优执法经济学还假定法律是完全的,执法者是大公无私的,以最大化社会福利为己任,尽管与现实不符,但其逻辑更多的可以作为一种规范性理论。在此基础上,后来的研究再试图放开这些假定,分析真实世界中法律不完全,执法者最大化自己的利益可能带来什么后果。

最后,由于执法成本的存在,并不是所有的罪犯都受惩罚,那么犯罪实际上成了一种高风险职业,执法的这种不确定性给罪犯人为施加了一种风险;不仅如此,执法过程中由于技术、法律的不完备,执法者本身的素质和能力等可能带来的执法过程中的不确定性,使所有人,包括无辜者都可能面临一种执法风险,所以,人们对风险的态度如何就直接影响到最优惩罚裁量的不同,现有的执法经济学往往在不同的风险偏好条件下讨论惩罚的差异。

在上述假设下,法律经济学家试图寻找现有执法制度及各种执法现象背后的经济学逻辑。为什么有的罪犯遭到了制裁,有的却"逍遥法外"?为什么有的有害行为受到法律约束,有的没有?现代惩罚安排主要被简化为两种,即罚款和监禁,两者有什么区别,以前纷繁复杂的惩罚措施为什么被抛弃了?严格责任制度和过失责任制度有什么区别?如果法律无法适应环境变化,没有规定怎么办?如果执法者跟罪犯一样,也试图最大化自己利益,将会出现什么结果?法律必须要由国家来执行吗?这些问题都将在本文中得到系统阐述。

2.3 最优执法

一个人为何犯法，更一般地说违规，可以有很多解释。社会学、心理学都是可能的不同路径。在经济学家看来，一个人违法的原因仅仅在于，在他所面对的特定约束条件下，违法的收益大于成本，惩罚的作用就是增加其违法的成本，以达到威慑的目的。这种由贝卡里亚（1767）、Becker（1968）开创的“威慑假说”（deterrence hypothesis）后来为大部分执法经济学文献所继承。

Becker（1968）假定罪犯也是一个理性的效用最大化者，在法律规定的约束条件下最大化自己的利益，即

$$EU = pU(g-f) + (1-p)U(g) \tag{1}$$

其中，p 为逮捕和惩罚的概率，U 是效用，EU 为期望效用，g 是违法没有被发现时的收益，$g-f$ 是违法被发现从而受到惩罚 f 时的收益，惩罚 f 为包括死刑、拷问、罚款、监禁、放逐、职业限制、剥夺公民权等对应的货币等价。用期望效用对 p、f 求导将会发现两者的提高都会带来期望效用的减少，从而构成对违法的威慑。但无论是对逮捕概率 p 的投入还是对惩罚 f 的实施，都将耗费资源，对整个社会而言，最优的条件将在它与违法造成的净损害（受害者遭受的损害减去违法者的收益）之间权衡。由此，Becker 提出了他加总上述三项的社会总成本最小化公式，并由此展开规范性讨论。即

$$\min: D + e + af = h - g + e + af \tag{2}$$

其中，D 为净损害，它等于违法损害 h 与违法收益 g 之差，e 为执行逮捕、侦破等的投入，a 为执行惩罚的社会成本参数。

这个模型在 20 世纪 80 年代末到 90 年代得到了更加精致的发展。人们把违法收益 g、损害 h 当做服从某联合分布 $z(g,h)$ 的随

机变量,①由此在既定法律规则下其净收益或损害可以用积分形式表示。惩罚被明确简化为主要的两种:罚款 f 和监禁 t。罚款金额以罪犯的财富总额为上限,设为 w,即 $f \leqslant w$;同样,t 也有上限,即罪犯的剩余寿命年限,设为 T。其中罚款为财富的转移,对社会来说实施成本往往可以假定为零(Becker,1968),而监禁则带来两种成本:一方面对违法者的强制实施会给他带来负效用,另一方面监狱系统的运转将耗费巨大财富,相应的社会成本参数分别为 b 和 a。为了简化分析,模型通常假定违法者为风险中性,由此(1)式中的期望效用可以简化为 $g-pf$,或者,把惩罚区分为罚款和监禁以后为 $g-p(f+bt)$,改最初的社会成本最小化为社会福利最大化可得

$$\max: \int_0^\infty \int_G^\infty [g-h-pt(a+b)]z(g,h)\,dg\,dh - e \tag{3}$$

其中

$$G=p(e)(f+bt) \tag{4}$$

对个人而言,当且仅当 $g \geqslant p(e)(f+bt)$ 时他将参与违法。但如果法官具有充分信息,能够准确地观察到每个人实施该行为的收益 g 和其行为给他人带来的损失 h。那么,当 $g>h$ 时,这种行为对社会是有利的,不应该制止。当 $g<h$,但 $g>p(e)(w+bT)$,惩罚将是无效的。② 这时的惩罚,特别是非货币性惩罚,徒耗资源,所以,也不应该实施惩罚。当 $g<h$,且 $g<p(e)(w+bT)$ 时,法官只要选择 f 和 t 的组合,使 $g \leqslant p(e)(f+bt)$,则罪犯在实施该行为前就会被法官将要实施的惩罚威慑住。所以,他不会行使对社会有害

---

① 根据分析简化的需要,许多文献或者假定收益、损害的分布独立,或者假定损害为非随机变量等,从而造成上述模型在具体应用中有很多变化。

② 对那些惩罚明显无效的情况,我们确实看到法律放弃对其进行惩罚。如对精神病人、疯子等无意识导致他人损害的行为。

的行为,也用不着实施惩罚。我们由此得到了一个令人惊奇的结论,没有罪犯会受到惩罚(Shavell,1987)!

现实中的法官不是全知全能的,他往往在不充分信息约束条件下决策。在这种情况下,有人会实施有害行为,其中只有部分会受惩罚。被惩罚的既包括那些对社会来说是可欲(desirable)($g>h$)的行为,也包括那些不可欲(undesirable)($g<h$)的行为;既包括那些其行为可以被有效威慑的人[$g<p(e)(w+bT)$],也包括那些其行为无法被有效威慑的人[$g>p(e)(w+bT)$]。

由于罚款不耗费实施成本,而监禁和逮捕均耗费资源,最优的惩罚必先使罚款达到最大,即个人财富 w。同时,我们还应该使监禁达到最大,否则,提高 t 而降低 p 使预期处罚不变,p 的降低就可节省投入。但现实中的处罚很少都使罚款、监禁达到最大。为解答这个困惑涌现了大量文献,主要可以分为两个方向,一个方向从边际威慑(marginal deterrence)出发,另一个方向则从一般执法(general enforcement)和特定执法(specific enforcement)的区分出发。

边际威慑指的是惩罚的大小随着损害的大小增加而增加,它最早由 Stigler(1970)提出,后来得到 Becker 和 Stigler(1974)、Shavell(1992)等的发展。因为如果不同的损害面临相同的处罚,违法者面临损害可大可小的选择时将没有激励选择损害更小的违法行为。但正如 Shavell(1992)提出的,边际威慑不仅可以由惩罚大小的改变来达到,也可以通过改变惩罚概率 p 达到,那么,仅仅从边际威慑角度来解答这个问题就是不能成立的。

更好的回答是一般执法和特定执法的区分。后者指对特定案件投入特定资源的执法方式,如对某个特大案件成立专案组加以调查;而前者则指投入一般性资源可能影响一系列违规行为被发现概率的执法行为,如例行的年度检查(Shavell,1991)。由于执法者不拥有区分不同案件的信息,一般执法,即不同案件或罪犯有相同的处罚概率,导致了现实中的最优惩罚通常不是罚款最大,监禁最大。只是大部分文献并不仅仅是指损害不同下的一般执法(Shavll,1991;Polisnky 和 Shavell,1992),更多的还包括违法者的财富不同(Polisnky 和 Shavell,1991),逃避惩罚的可能性不同(Bebchuk 和 Kaplow,1993),人们对被捕概率的预期不同(Bebchuk 和 Kaplow,1992);等等。不过,这些文献通常并不把这些情况统称为一般执法,因为这既不符合 Shavell(1991)的最初定义,也不符合人们对一般执法的通常理解,所以,这些文献大都把这些情况归咎于不完全信息的存在。为了方便,把不完全信息情况下惩罚概率相同的情况都称为一般执法,在这种情况下,边际威慑必然导致不可能使所有的惩罚都达到最大。所以,把两个方面的努力结合起来是对上述困惑的更好解答。对此,更详细的综述见 Garoupa(1997)、Polinsky 和 Shavell(2000),在此不再做一一讨论。

以上都是在严格责任(strict liability)下讨论问题。如果使用过错责任原则(negligence liability 或 fault-based liability),执法者必须为人们订立一个标准(fault standard)。如果法官有充分信息,那么他可以对造成不同损害 h 的个人订立相应的不同标准($\hat{g}$)。由于个人面对过失原则时,面临着一个不连续的惩罚机制:没有过失不受惩罚;一旦被发现有过失,将受到大于或等于其造成的外部损害的惩罚。这样,除非其行为对社会有利,即 $g > \hat{g} = h$,人们就不会违反过失标准(Shavell,1987)。当法官不具备充分信息时,就好像一般执法一样,他只能制定一个统一的标准,这时标准就可能要么过高,要么过低,导致威慑过度或不足。相比严格责任原则,由于信息缺乏,要制定出一个恰当的标准是很困难的;而且由于过失责任只考虑到个人的单个行为决策,没有考虑到行为水平或频率大小,从而威慑不足,将会导致过高的行为水平。比如,仅对车速进行过失责任限制就不能影响车主行车次数和距离的决策。但是过失责任从另一方面能够节约执法成本,因为大部分人竭力避免出现过失,从而相应的诉讼会减少(Shavell,1980)。

2.4 执法体制

值得注意的是,前面的最优执法理论有一个潜在的假设,那就是法律是完全(complete)的。所谓完全法律,指的是"面对任何一个案件,任何一个法官甚至是任何一个受过教育的人都能按照法律明确无误、没有偏差地推断什么是犯法,以及犯法可能受到什么样的惩罚"(许成钢,2001)。如果这个假设成立,通过损害发生后的法庭诉讼裁决就足以达到最佳威慑效果。

但如果法律不完全,这种最佳威慑还能达到吗?这时人们很可能利用法律的局限获利,从而导致法律威慑不足,预料到这种状况,立法者又可能事前采取"一刀切"的办法,把某一大类活动统统列为被禁止的行为,而有些活动也许是有利于社会的,这又会使威慑过度。因此,最优执法理论的最佳威慑假说是有条件的,需要对其做出拓展。

皮斯托和许成钢(2003)把 Hart(1995)契约不完全情况下的最佳控制权分配理论移植到法律中来,认为法律与契约一样,在信息约束下无法完全描述未来的所有可能状态,即使能够描述,成本也太高①，为了有效处理和应对将来可能发生的不可预期的情况，事前将相应的立法权力，或者说相机执行权力做出最优配置就是必需的。而且正是这种配置，决定了执法体制中法庭与监管之间的分工。与不完全契约理论中的剩余控制权相对应，他们把这种权力称作剩余立法权。如果从法律本身的角度来看，这貌似一种立法理论，而从法律不完全情况下纠纷的具体解决和执行上，它更是一种执法理论。皮斯托和许成钢的研究初衷也在于对执法体制提出一个新的解释，而不是立法，因为法官在法律不完全情况下通过判例造法或者在司法解释中立法已经是众所周知的事实。

法律不完全有两种情况：一种是法律没有对特定行为进行界定或仅仅列举了少数行为，使得对行为结果的限定很宽泛；另一种是法律虽明确了应予制止的行为，却不能涵盖所有相关行为。面对这两种情况，如果我们的目标仍然是最大化社会福利，就必须事先对立法机构正式立法权以外的剩余立法权做出有效分配。作为执法机构的法庭是当然的剩余立法权拥有者，即填补法律空白或者创造性地解释僵化的法律。无论普通法系还是大陆法系，对法官的这种权力是否认同，法官的这种权力都是既成事实，只是在不同法系下法官造法空间和所造法的约束力有差异。

由于法官被设计成为被动的执法者，只有在另一方——国家或私人——起诉之后，法庭才能开始行动，法官本身不能发起调查，因为这会削弱其中立性和公正性。这种制度安排使对于许多

---

① 契约的不完全源于以下几种因素：第一，不可预见的状态（unforeseen contingencies）。即未来的状态很大程度上是不可描述的。第二，签订契约的成本。即使状态能够预见，但它们如此繁多以致描述成本仍然可能过高。第三，实施契约的成本。法庭能够实施的契约是有限的。第四，考虑到法庭的局限，交易双方宁愿留出模糊或空白事后重新谈判（Tirole，1999）。

法律不完全情况下损害很大的案件,执法显得非常被动。这时如果实施主动式执法,监督各种行为,开展调查,禁止或惩罚损害行为,很大程度上能够防患于未然。现实中的主动执法者就是监管机构。尽管监管者同样面临着法律不完全的问题,但由于他在损害发生的事前和事后都能创设及执行法律,那么只要发现足够高的预期损害,他就可以开展执法程序,而且还可以利用立法权改写或变更规则。相比于立法机构冗长的立法过程,他改写及变更法律的程序更简单,并可在具体执法过程中不断学习加以改进和调整。只要其管辖权限被界定得足够准确,这种权力就不会危及法治。在损害者行为花样可能不断翻新,但其行为能够标准化,即以合理成本对损害行为及结果进行描述的情况下,监管将十分有效,反之监管可能带来额外的成本。前者如金融市场的虚假信息披露,后者如董事的信义义务(fiduciary duty)。

2.5 自私的执法者

最优执法理论的另一个关键假设是执法者大公无私,其目标是最大化社会福利。如果这个假设成立,弗里德曼(2004)的"倡议"就对现有执法安排提出了巨大挑战。既然逮捕、监禁会带来成本,甚至罚款的执行也有成本,那么改变上述惩罚方式将会极大地节约这部分成本。弗里德曼认为,最优的执法方式是把所有的违法者,无论罪刑轻重,违反的是民事还是刑事法律,都以一定概率枪决,甚至应将不幸被枪决的罪犯的健康器官解剖用于治病救人,而把那些运气好的罪犯无罪释放!至于边际威慑,可以通过罪刑轻重,由一个面数不等的骰子来随机决定,罪刑越轻的罪犯,骰子面数越多,反之越少。照此看来,现有的惩罚安排都是无效率的。

不过他认为,这种无效率视角是以执法者的大公无私为条件的。如果不是这样,弗里德曼建议的有效执法"改革"就可能导致巨大的寻租市场,毕竟大部分人都拥有并随身携带自己的健康器官!所以,只有放开执法者这种大公无私的假设,现有的"无效率"惩罚制度安排的效率特征才能得到解释。

法学家往往把法官当做公正、勤勉的象征。波斯纳(2002)则认为,法官同样是财富最大化者,会对薪酬变化做出反应。只有当薪酬、任期不因判案发生变化,声誉、同行的评价对其非货币效用更加重要时,法官的公正、勤勉才能得到解释。Glaeser、Johnson 和 Shleifer(2001)把执法者的行为变化简化为受到来自声誉的非货币收益、来自政府的货币和非货币激励(包括直接的货币激励和间接的晋升制度引起的控制权激励)、执法努力给执法代理人带来的负效用这三个变量的影响,由此解释执法者在不同的激励约束条件下既可能表现为公正执法,也可能表现为消极懈怠,甚至表现为滥用权力惩罚无辜者以获取更大的利益。

除此以外,在一定条件下,执法者还可能与罪犯,甚至是无辜者交易,造成腐败(corruption)、敲诈(extortion)和陷害(framing)等问题。Becker 和 Stigler(1974)首次发现腐败可能降低法律的威慑作用,因为贿赂一般小于罚款金额,而陷害无辜者则降低了人们犯罪的成本,从另一方面减小了法律的威慑作用(Polinsky 和 Shavell,2000)。这与由于执法技术、执法成本以及执法者的素质和能力等导致的执法过程中可能存在的两种错误,即放过违法者或冤枉无辜者带来的效果是一样的。执法错误需要由相应的诉讼程序来解决,执法者的问题则需要在制度背景下讨论。

因此,考虑到执法者也是自身利益最大化者,我们需要在一个更大的博弈框架下,即把执法者包括在内以后对现有最优执法理论进行扩展。谁来监督执法者这样一个问题会导致无穷递归的逻辑难题。为了跳出这种困扰,Basu(2001)在一个更大的视角下认为,法律不是一个仅仅改变人们策略空间和支付函数的外生变量,人们为什么要守法,是因为预期到违法将受到制裁,法官为什么要执法,是因为预期到懈怠或枉法也将受到惩罚,他在研究社会规范的作用的基础上,认为法律不是改变博弈本身,而是改变了均衡结果,所起的根本作用是协调以选择特定的聚点均衡(focal points)。

2.6 私人执法

法律的执行一定要由政府来提供吗?我们通常看到法庭、警察、监狱都是由政府埋单的,经济学教科书也常常把法律及其执行当做公共物品来对待。为什么法律不可以由私人来执行?Becker和Stigler(1974)首次提出这一直觉性问题,后来许多文献分别从历史考证的角度和逻辑演绎上加以证明。波斯纳(2002)考察了史前时代的复仇制度,弗里德曼(2004)则考察了中世纪的冰岛和英国早期的私人执法。当法律经济学家把眼光移回当前现实时,他们发现了仍然广泛存在的私人侦探和仲裁,同时私人法官、私人警察,私人运营的监狱正在兴起,复仇情结也并未完全消失,甚至民事诉讼的提起本身就是私人执法的一种表现!为什么历史上很长时间以私人执法为主,国家兴起以后开始收缩让位于公共执法,又并没有完全消失,而国家权力削弱以后私人执法再次兴盛①(Hay

① Hay和Shleifer(1998)讨论了俄罗斯转型期间国家权力削弱后私人执法的兴起,特别是黑社会竞争性地实施国家颁布的法律以建立自己的声誉,拉到更多的客户。

和 Shleifer,1998)?

研究发现,历史的演变和现实的分工有其经济学逻辑。首先是信息的最佳利用问题。当原告明确知道损害其利益的被告是谁,而且掌握了充分证据的时候,由他来提起诉讼是合意(desirable)的,这在合同违反,侵权案件中很常见。但如果是刑事犯罪,由于蓄意加害,受害人通常不知道罪犯是谁,即使知道也可能慑于报复而不敢提起诉讼。这时公共执法往往有其相对优势,因为它可能在规模经济下拥有自己的信息库,如档案记录、指纹系统等。其次,强制手段或暴力在国家兴起以后是由国家垄断的,私人执法缺少这个手段,要有效执法是很困难的,①而且国家也不能容忍私人拥有大规模的暴力优势(Polinsky 和 Shavell,2000)。最后,如前所述,从最优执法的角度,需要罚款与执法投入的反向权衡。也就是说罚款越大,执法概率应该相应减小而保持威慑不变,由此节约执法成本。但如果由盈利动机驱使的私人来执法,罚款越大,将激励私人提高执法概率②(Landes 和 Posner,1975)。

随着信息经济学的兴起和新制度经济学的发展,经济学家认识到应该把信息分为私人信息、可观察信息和可证实信息。公共执法的基础在于信息的可证实上,而对私人信息和可观察信息而言,由于其导致的公共执法成本过高,私人的自我执行就很重要。官方的成文法往往也不把这部分可能的纠纷包括在里面,但如果从更广义的纠纷解决来看待秩序和法律,那么,这些制度的执行也

---

① 但徐昕(2005)证明了私人并不一定要真的动用暴力执法,信息不对称下的暴力威慑就足够了。

② 私人不仅可能采用增加执法投入的方式提高执法概率,而且还可能捏造违法进行敲诈,陷害无辜者,引诱违法而后执法,知道违法企图而不在未遂阶段组织等等,以增加私人收益。

可以看做执法理论的一部分①(埃里克森,2003)。私人信息下带来的逆向选择和道德风险,信息经济学已经在激励相容的框架下做了细致的讨论。事实上,纳什均衡本身强调的就是制度的自我实施性(self-enforcing)。而对于可观察信息,除了重复博弈的声誉模型以外,新制度经济学对此也有巨大贡献,如威廉姆森(1985)对专用性投资下关系型契约的讨论,Greif(1993,1994)对马格里布商人团体和威尼斯商人团体的多边惩罚机制、双边惩罚机制,以及汉萨同盟的讨论,Bernstein(1992,2001)对犹太商人钻石交易的刻画,以及 Milgrom、North 和 Weingast(1990)对中世纪香槟市场私人仲裁的描述;等等。

2.7 评 论

可以说,现代法律经济学是从对执法的讨论开始的。尽管自布坎南和塔洛克(2000)以后经济学家已经不认为政府是大公无私、全知全能的,法律经济学家也发现法官同样是自身财富最大化者,但是,把执法者简化为一个以最大化社会福利函数为目标的个体,仍然是现在最优执法理论的主流。原因并不在于法律经济学家没有意识到这一点,而在于这个简单的假设可以先把这个"恼人"的问题去掉,由此集中讨论执法制度安排的经济学逻辑。如果我们接受 Friedman(1953)"只要推测正确,假设真实与否不重要"的方法论,那么现在的最优执法经济学就是可以接受的。即使我

① 埃里克森将社会控制体系分为由个人伦理第一方自我控制,由合约受诺者执行的第二方控制,以及包括非科层化的社会力量,社会组织(非政府的科层制)和政府(国家的科层制)的第三方控制五种,并分别讨论了各种控制体系,特别是社会规范的非中心执行问题。

们不接受这种方法论,也不妨可以把它看做一种规范分析。

但是,一旦放开这个假设,把执法者也看作最大化自己利益的主体,以分析其带来的制度设计的变化,现有的执法理论就不够了。弗里德曼(2004)已经提出了挑战,他的自我解答和Basu(2001)的讨论还只是一个开端。为什么有效惩罚不能在寻租得到限制时存在,毕竟这种制度在古代至少是部分存在过,为什么它直到现代才在短时间里突然消失(福柯,1999)? Basu用协调均衡,引入社会规范,很大程度上回避了无穷递归难题,谁来惩罚执法者,这个问题有待将来更深入的理论研究。

其次,在最大化社会福利的假设下,最优执法表现为一种成本约束下的随机性执法,但现实中还存在一种执法者利用法律为自己利益服务的选择性执法(戴治勇、杨晓维,2006)。此时立法、执法都成为一种工具,这在人类历史存在上千年的专制社会中表现尤其突出。即使在当代,由于权力的完全制衡监督是不可能的,这种状况依然存在(Landes & Posner,1975)。这种情况下,法律扮演什么角色和功能,选择性执法会带来什么样的不同后果等是值得进一步研究的问题。

对于最优执法理论的另一个把法律视做完全的假设,皮斯托和许成钢(2003)将其放开以后讨论了剩余立法权的分配,由此解释执法体制中管制机构的角色。但他们的讨论也是在管制者最大化社会福利的假设下进行的,当管制者滥用剩余立法权和执法权最大化自己利益或者被某些利益集团利用的时候,如何对其设计有效约束的制度是一个更值得讨论的问题。事实上,这种剩余的行政立法权一旦授予就有膨胀的趋势,哈耶克(2003)已经对其威胁法治表示了足够的担忧。其实,从本质上来说,管制的效率根源来自于损害超过了损害者的赔偿能力(judgement-proof)和管制者

(公共执法)的信息优势(Shavell,1984、1993)。如果损害者有能力赔偿,管制标准完全可以作为一种基于损害赔偿的过失标准而不是基于行为的惩罚标准;如果管制者不具有制定标准的信息优势,这种行为标准就会造成对当事人十分不利的决策限制。因此,不完全法律理论以损害过大要求事前主动执法论证管制的必要,并把管制作为一种事前威慑,法庭制裁作为一种事后威慑是错误的。从经济学的角度看,两者都试图通过对现有损害或潜在损害的惩罚或处理,影响人们将来行为的预期,本质上都是事前威慑。如果损害者有足够的赔偿能力,基于事后损害的惩罚同样能够达到事前威慑的目的。行为能否标准化在于管制者是否持续拥有比损害者更多的损害可能发生的信息,只有在这种情况下,将灵活的剩余立法权授予管制者才是必要的。而现实中更多的情况是,在技术不断变化的环境中,当事人拥有更多的技术信息。

最后,由于信息问题带来私人执法的优势,尽管信息经济学,特别是新制度经济学对一般私人制度的执行已经做了广泛的研究,但对于法律完全不存在情况下重复博弈导致的秩序形成(埃里克森,2003;Hirshleifer,2001),以及引入法律以后正式和非正式制度之间的冲突、融合,法律的私人执行(Hay & Shleifer,1998),现在的讨论才刚刚开始,迪克西特(2007)甚至给这个新兴的领域起了一个名字——法律缺失与经济学(lawlessness and economics)。

虽然最优执法经济学主要是从经济效率的角度规范地对法律制度的执行安排做理性反思的产物,但如果波斯纳的效率假说是正确的话,它就是对现有执法制度的一个很好的解释。由于它假定执法者以社会福利最大化为目标,在执法者受到的约束相对还不够健全的情况下,其解释力和应用价值就很有限。相反,将来可能的发展方向,比如在一个更大的,把执法者也包括在博弈里面研究法律的实施,在法律缺失情况下研究各种治理安排的形成,引入法律以后法律与传统的社会习俗、规范之间的相互影响,转型期间私人执法与公共执法的分工和交融,这些领域的研究无论是从实证解释,还是对司法实践进行规范指导的角度,都可能有更大价值。

3. 不可置信承诺、声誉与相机选择

在回顾了已有的执法文献以后，本章试图超越已有的研究，提出执法领域的新课题——法律的选择性执行。由于法律只是规则或制度的一种表现形式，尽管可能是最重要的一种，法律可能选择性执行，一般的制度也一样。本章将更一般地讨论制度的选择性执行何以发生，何以可能的经济学机制。

至少在 20 世纪 70 年代以前，新古典经济学集中讨论单个的个人如何在局限条件下最大化自己的利益，发现向下倾斜的需求曲线（其他条件不变的情况下，代价提高，需求量减少）是理解人们大部分行为最重要的出发点，如果不是全部的话。① 这种行为常常被冠以功利主义的成本收益权衡,或者经济理性。在此基础上,分析个人行为加总后的影响就能够理解整个市场运行,经济繁荣或衰退。

既然人们的行为受到需求定律的约束而少有变化,经济思想的进展很大程度就源于对个人局限条件分析的扩展。从个人在确定性条件的选择权衡到不确定性条件下的选择权衡是一个跨越,从局限条件源自不可控制的自然因素或匿名因素,前者如气候、地理位置,后者如市场价格,到在一定程度上可控制的非自然因素和非匿名因素,如制度和他人的行为是另一个跨越。博弈论为研究非自然因素和非匿名因素的局限条件下人们的行为提供了锋利的分析工具。本章就试图从动态博弈的视角切入理解制度执行中的相机选择。

3.1 不可置信承诺

当单个个人做出行为选择时,经济学家推测,最可能发生的结果是:在这个结果中,决策者在约束条件(或者是收入,或者是时间等)下最大化了自己的利益或者效用。当人们相互作用,并且这种作用可被各自最大化自己的利益的个人明显感知时(这时我们称这种相互作用为一个博弈),研究者如何预测最可能发生的结果?各种各样的概念被提出来,其中,纳什均衡得到了更多的认可。最可能发生是稳定的特征,经济学家常常称这种稳定为均衡。纳什均衡就是指这种稳定的结果,在这个结果中,给定别的参与者选择

① 其他不符合理性特征的行为,如交易的公平观,参照点对交易的影响等,正在经济学与心理学的交叉领域,即行为经济学中得到广泛的研究。

不变的情况下,我的选择最大化了自己的效用;给定我的选择不变的情况下,别的参与者也最大化了他的效用。即最可能发生的结果是在这个结果中所有人不合作地各自最大化自己效用时,给定别人的选择,自己做出了最大化了自己效用的最佳选择。值得注意的是,这种选择最大化了决策者的效用,却可能损害别的参与者,这种负的外部性使对社会而言最优的帕累托选择无法达到。典型的就是有名的囚徒困境,如图 3 – 1 所示。

		囚徒 2 沉默	囚徒 2 坦白
囚徒 1	沉默	–5 , –5	–30 , –1
囚徒 1	坦白	–1 , –30	–10 , –10

图 3 – 1　囚徒困境

囚徒困境向我们讲述了这样一个故事:两个囚徒被警察逮住以后,警察缺乏足够的证据对其进行处罚,需要依赖囚徒的口供寻找进一步的证据。这时,警察把囚徒隔开,然后宣布“坦白从宽、抗拒从严”的司法政策。如果两个囚徒都保持沉默,各判 5 年;如果双方都坦白,各判 10 年。如果一人坦白,一人沉默,坦白者被判 1 年,沉默者被判 30 年。双方都沉默对双方都是更优的结果,但它不是一个稳定的结果。给定对方沉默,另一方坦白将是一个更优的策略。只有双方都坦白才是一个稳定的结果,我们把它称为“该博弈的纳什均衡”。

不过,如果博弈的参与者行动有先有后,后面行动的参与者完全观察,或者部分观察(如只是观察到一个信号,从而能在一定概率而不是确定地推断已发生的行动或者只能肯定没有发生什么而不是已经发生了什么等)到了前面行动者的选择,后面的参与者行动时就会利用新获得的信息,而前面参与者在选择自己的策略时又会理性地预料到后面参与者的这种反应。

以图 3－2 为例,A 先行动,选择 U 或者 D。B 观察到了 A 的行动。当 A 选择 U 后,B 如果选择 L,A 和 B 分别得到 5 和 6 的收益;B 如果选择 R,A 和 B 分别得到 1 和 2 的收益。余此类推。假定 A 和 B 都是理性的,并且这是共同知识。那么当 A 选 U,B 将选择 L。因为选择 L 给 B 带来的收益 6 大于选择 R 给 B 带来的收益 2。同样,当 A 选 D,B 的理性选择是 R,可得收益 10。A 知道自己选 U,B 会选择 L,自己得收益 5;自己如果选 D,B 会选择 R,自己得收益 3,他的最优选择是 U,得收益 5。因此,最可能出现的结果就是 A 选择 U,B 选择 L,各自得到收益 5 和 6。

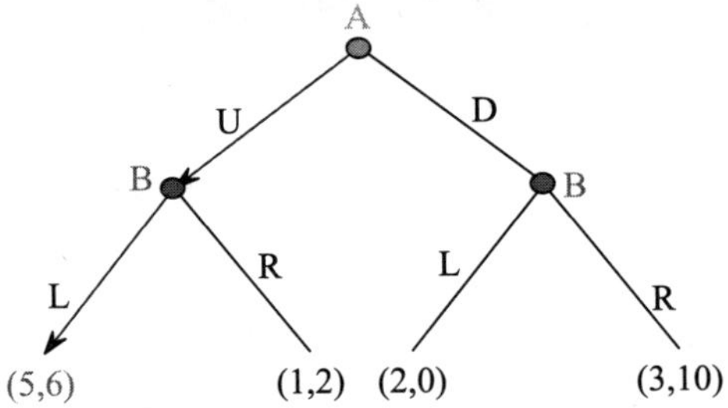

图 3－2

但是,B 却幻想着能够得到更大的收益,即(D,R)带来的结果 10。B 会怎么做才能达到目的?他可以威胁 A,声称无论 A 选什么,他都将选择 R。如果 A 轻信了 B 的威胁,A 将在(U,R)给自己带来的收益 1 和(D,R)给自己带来的收益 3 之间选择,A 将选择 D,B 的目标就达成了。但是,如果 A 知道 B 是理性的,他就不会轻信

B 的威胁。因为当 A 真的选择了 U，B 的最优选择是 L 而不是 R。

动态博弈给我们带来的最重要的思想就是不可置信威胁或承诺。

由于参与者各自为自己效用最大而选择，这种选择尽管对自己是有利的，对对方却可能是不利的。与前面的静态博弈不同的是这种不利在动态博弈中是可能改变的。当先行动的参与者的选择（他）不利于后面行动参与者（她）的利益时，后面行动参与者可以威胁对方，如果他不做出某个有利于自己的选择，她将做出更加不利于他的选择。他会相信吗？由于他知道她是一个理性的决策者，他会推断，当他做出选择以后，她只可能做出最有利于她的选择，从而，她不可能为了害人，同时也损害自己。我们称这种损己害人的声明为“不可置信承诺”。

但当她提前做出一个行动改变自己事后的收益结构，以前原本损己害人的策略就可能仅仅只是害人，而不损己了，甚至还可能利己。这时，那种声称就是可置信的。

在英国光荣革命以前，国王不断发动战争，特别是与法国的战争耗空了英国国库。在不断提高税额、增加税种，甚至提前数年征收将来的税收来增加财政收入仍然无法填补战争支出的无底洞后，国王不得不向新兴的资产阶级借钱，当借款到期，战争仍未结束，还需要更大的支出时，国王无力还款。在借新债还旧债不可行后，国王只有抵赖，极端的情况下甚至以一定罪名没收债权人财产。而这种行为必然增加了国王后来借款的难度。光荣革命后，North 和 Weingast（1989）发现，政府借款更容易了，国债数量巨额增加的同时，利率大大降低，这为英国在后来的战争中赢得了主动。这里最大的差别在于光荣革命后实行了三权分立，政府的权力受到了限制，政府不再能随意增税，更不能随意借款不还，甚至没收私人财产，从而债权人的收益有了保障。

国王借款时的承诺就是一种不可置信承诺,三权分立的宪政安排尽管捆住了政府手脚,短期来讲似乎对政府不利,但由于它是一种可置信承诺,却为政府长期的财政借款提供了便利。

既然如此,在很多时候,人们为什么尽管能够却不做出可置信承诺呢? Laffont 和 Tirole(1993)指出,这里面有两个基本原因。第一个原因是在不确定环境下,很难签订完全的状态依存合约。如果信号显示衰退即将来临,中央银行就会扩张货币供给,但是那些信号在今天难以描述。第二个原因是政府任期和政治家职业生涯考虑可能导致政府迎合企业或利益集团,长期给国家带来不良后果。不做长期承诺给了第二届政府改正上届政府错误的可能性。

3.2 声 誉

上一节我们看到了动态博弈与静态博弈不同的是,参与者可以通过做出可置信承诺来改变自己选择的收益或集合,从而诱使对方做出自己期望的行动。进一步,最常见的动态是人们之间的相互作用重复发生,这种特殊的动态也是被研究得最为深刻和系统的一种博弈,即重复博弈。

无论是日常随意的观察还是更系统的研究都可以发现,人们在单次博弈中的行为与重复博弈中的行为存在很大的差异。因为在重复博弈中,人们选择时不得不考虑到自己行为对将来的影响,也就是说,在单次博弈中,人们常常各自为政,导致囚徒困境,从而更优的对双方都有利的结果不能达到,而在重复博弈中,人们既知道以牙还牙,也知道投桃报李,所以,常常能够超越单次博弈带来的狭隘或目光短浅,为更长远的利益打算。

尽管人们可能并未做出可置信承诺,重复博弈的这种为长期打算的行为选择特征也能在一定程度上约束人们的行为,我们称它为声誉。当参与者对各方知根知底,以往的合作或背叛都可以观察(熟人社会)时,可以预期,合作的对各方更有利的结果更可能发生。这被经济学家用一个定理来表达。由于它在正式表达以前都已经成为学者共识,所以被称为无名氏定理。它告诉我们,如果参与人有足够耐心,①即目光足够长远,任何可行的个人理性收益②都能在纳什均衡中得以实施。考虑到惩罚别人也会给惩罚者带来成本,从而惩罚的威胁不可置信,Friedman(1971)引入了纳什回复惩罚,即至少可以用静态博弈中的不合作策略来可信地惩罚对方。③ 进一步来说,如果其中一方是长期参与者,另一方是一系列只博弈一次的短期参与者,只要参与者选择行动的时候都知道以前的全部选择,每一期短期参与者先动,则长期参与者有足够耐心时,建立在短期参与人信任长期参与人基础上的合作仍然更可能实现(Dybvig 和 Spatt,1980;Klein 和 Leffler,1981;Shapiro,1982;Kreps,1986)。例如,市场中的企业是一个长期参与者,而消费者更像一个朝秦暮楚,时而购买这个厂商的产品,时而购买那个厂商的产品的短期参与者,尽管如此,在一定条件下,作为长期参与者的企业仍然有动力提供高质量的产品来吸引未来的短期参与者(消费者)。

---

① 即贴现因子大于某个值。

② 个人理性收益指的是大于各个参与人的最小最大收益的支付向量,即使是最差参与者也能获得的收益。

③ Fudenberg 和 Maskin(1986)在 Aumann 与 Shapley(1976)、Rubinstein(1979)的基础上,引入胡萝卜加大棒的执行方式加强了无名氏定理,即如果参与人有足够耐心,任何可行的个人理性收益也能子博弈精炼纳什实施。

然而,上述结论只适用于无限重复博弈,或者参与人不知道何时结束的博弈,而有限重复博弈却仍然受到连锁店悖论的困扰(Selten,1978),即由于最后一期不再有虑及未来的长远打算,人们必定不合作,既然最后一期肯定不合作,倒数第二期试图用合作来诱使最后一期合作已经没有意义,最优选择仍然是不合作,以此类推,所有时期的最优选择都是不合作,从而动态重复不再有意义。Kreps 和 Wilson(1982)与 Milgrom 和 Roberts(1982)引入参与人类型的不确定以后,即参与者不知道与自己博弈的对手是什么样类型的人,可能是好人,也可能是坏人,可能是理性的思前想后的经济人,也可能是可以不顾一切睚眦必报的疯子,这时他们发现即使博弈次数是有限的,至少在博弈的前段时期,参与者仍然有合作的激励,即机会主义参与者有激励建立合作的声誉,以期得到更大的信任利益,即坏人可以通过行动选择来假装好人,理性的经济人可以在短期做出不利于自己的选择来把自己扮演为一个不顾一切的疯子,迫使对方有所忌惮。这种情况对单一长期参与人情形具有最强,最一般的含义(Fudenberg 和 Levine,1991)。

引入声誉以后,Kreps 和 Wilson(1982)与 Milgrom 和 Roberts(1982)发现,参与者至少在有限博弈的前段时期更加倾向于合作。但声誉的约束毕竟不如可置信承诺的承诺来得强,不合作仍然有可能发生,特别是博弈的后半段。中央银行没有做出在经济衰退时不增加货币发行的承诺时,仍然可以通过其一段时间的强硬政策来影响人们预期。当大的衰退来临,中央银行仍可能放弃声誉,以通货膨胀为代价换取失业率的降低。

法律是一个合约,是一种承诺。私人间的合约因为有第三方,特别是法庭的强制执行,使得承诺更可置信。法律的执行却没有第三方,一定程度上,它更不可置信。宪政是使法律可置信的唯一手段，但是，它与执政者的目标可能是冲突的。在不确定的多变的环境中，法律或合约常常是不完备的，转型时期尤其如此，宪政会捆住执政者的手脚，丧失灵活性。但这并不意味着执政者没有意愿依法治国，在大国治理中，法律是协调人们行为预期的最重要的手段。为此，执政者总是有意愿树立一个在常态环境中“有法可依，有法必依，执法必严”的声誉。只是这种声誉很可能被一个外生冲击所打破，从而法律被执政者选择性执行。

4. 多任务司法裁判与相机控制权分配*

我国当前司法运行过程中有许多不符合法治社会要求的机制或制度在起作用，这些制度通常是隐性的、非正式的，但它们有时比显性的、公开的、正式的机制发挥的作用还要大，而且它们往往才是真正决定司法裁判结果的根本因素。例如，法院审判的行政化倾向、法院内部不成文的重大疑难案件向上级请示的制度、政法委对案件的“协调”等有时比法官独立审判的正式制度安排影响更大。法学家有很多对这类现象的分析和批判，如侯猛、周永坤

---

* 本章内容原文发表于《法制与社会发展》2016 年第 5 期。

对政法委与法院关系的历史考察和现实梳理,①侯猛、万毅对重大疑难案件请示制度的利弊分析,②龙宗智和袁坚对司法行政化的详尽描述等。③ 除了他们的专文讨论以外,提到此类问题并做出简要分析和批判的文献几乎见诸所有关于国内司法制度讨论的法学家论著中。意见无非有两种:一种是对其带来的负面影响进行揭露,判者不审、审者不判,审级制度功能丧失等;④一种是挖掘当前语境下这种制度存在的空间和合理性,如基层法官的素质不高,审判委员会有助于集中集体智慧,⑤没有政法委的"协调",转型期法院对于某些案件常常无力妥善解决等。

现有分析基本上是都是针对某一个隐形机制展开,讨论它实施的约束条件,制度参与者的策略性行为及其后果,少有讨论这些机制之间的内在逻辑关联。本章试图拓展现有分析,讨论正式或显性司法制度以外整个隐形司法的运行逻辑,借鉴公司治理的证券设计理论,解释当前司法过程中隐形机制的产生、运行及其影响,以期找出中国法治化进程的根本障碍,为进一步司法改革提供

① 参见侯猛:《"党与政法"关系的展开——以政法委员会为研究中心》,载《法学家》2013 年第 2 期,第 1 ~ 15 页;周永坤:《论党委政法委员会之改革》,载《法学》2012 年第 5 期,第 3 ~ 13 页。

② 参见侯猛:《案件请示制度合理的一面——从最高人民法院角度展开的思考》,载《法学》2010 年第 8 期,第 126 ~ 136 页;万毅:《历史与现实交困中的案件请示制度》,载《法学》2005 年第 2 期,第 9 ~ 18 页。

③ 参见龙宗智、袁坚:《深化改革背景下对司法行政化的遏制》,载《法学研究》2014 年第 1 期,第 132 ~ 149 页。

④ 参见严励:《地方政法委"冤案协调会"的潜规则应该予以废除》,载《法学》2010 年第 6 期,第 40 ~ 44 页。

⑤ 参见苏力:《基层法院审判委员会制度的考察及思考》,载强世功、孔庆平主编:《北大法律评论》(第 1 卷第 2 辑),法律出版社 1999 年版,第 320 ~ 364 页。

参考。我们研究的出发点是政府或党委的目标是多任务的,[①]经济的增长、社会的稳定、公平正义的实现等,而法官的职责或目标则是单一的,在法律完备的情况下执行既有法律条文,在法律不完备的情况下依赖基本法治原则衍生出来的对于公平正义的理解去解释并执行法律条文。由于法律在一定时期总是稳定不变的,而改革开放以来,经济、政治的改革和转型却使我们一直处于一种非常态的、变化的情势之中,这导致政府的"中心工作"在不断发生相应变化,这时,执行既定法律在某些时期可能会助力政府目标的实现,但在另一些时期却可能与政府的"中心工作"不一致,增加政府目标实现的成本。本书认为,在政府能够有效影响司法,情势变化不居的背景下,政府多变的中心任务与法官单任务目标之间可能存在的冲突是理解为什么会存在隐形的司法制度,以及正式司法制度安排与隐形制度安排紧张的关键,而政府为了实现自身目标对司法控制权的配置则是理解隐形司法制度运行逻辑的关键。

4.1 政府多变的多任务目标与法官不变的单任务目标之间可能的冲突

Holmstrom 等最早注意到在委托代理关系中,如果委托人的目标是多任务的,其中有的任务容易度量(如产品的数量),有的任务难以度量(如产品的质量,服务的态度),那么,以容易度量的任务作为激励代理人的考核目标,必然会引起代理人忽视难以度量的任务维度,如果难以度量的任务很重要,委托人可能宁愿选择低激

① 本章不准备再在党委和政府的目标之间做出进一步区分,认为它们的目标是一样的,本书将根据情况交叉使用政府或党委这两个概念。

励或不激励的制度安排。① 政府(官员)就是典型的多任务代理人,GDP挂帅的单一晋升激励所带来的环境恶化、公共支出结构畸形等不利后果已为全社会关注,为此,上级政府在既有考核机制上又附加了各种问责制以保持政府目标的多任务特征。

法官审判只有一个目标,那就是按照既定法律规则宣判。法律不完备带来了一些复杂性,但没有改变法官单任务的特征,不完备法律下法官仍然有很多约束,最高人民法院司法解释的约束,法官职业道德的约束,同行评价的约束等,这些约束的目的都是按照法律的精神或公序良俗的社会规范去解释和执行法律。

如果目标不完全一致的两个或两个以上的主体对案件都有发言权,冲突就可能出现。政府的目标是多任务的,而且"中心工作"随着情势而改变;②法官的目标是单任务的,而且稳定不变。如果司法独立,政府无法改变法官的目标,法官将对多变的政府目标实现构成制约。③ 如果政府有能力影响司法,为了达到自己的目标,它就必然会设法建立相应的影响机制。

一种可能的机制是试图使政府的目标与法官的目标趋于一致,让法官同时最大化多任务的政府目标。强调法律为改革开放和经济建设保驾护航,强调司法审判追求政治效果、社会效果和法律效果的统一就是将政府的多任务目标施加于法官之上,中国法官因此也有多任务性质。当法官面临冲突的多重目标,他必然存在如何在目标之间进行权衡的问题,这种权衡在实践中常常与更

① 参见 Holmstrom, Bengt and Paul Milgrom, "Multitask Principal-agent Analyses: Incentive Contracts, Asset Ownership, and Job Design.", *JL Econ. & Org.* 7 (1991):24。

② 特定案件在审判前信息传播的速度、扭曲程度等所带来的民众反应都可能改变情势。

③ 政府因此可能丧失部分灵活性,对灵活性的追求导致了选择性执法。

具体的激励考核有关。首先,很多目标完成情况难以度量,一个案件审判结果取得了多大的政治效果、社会效果,得到公众的多大认同,这是很难度量的,也就难以建立相应的激励措施,而执行既定法律则要相对容易考核和度量得多。如前所述,强调实现不易度量的目标,要求对容易度量,容易激励的目标实行低激励或不激励,这种低激励也许是中国法官业务素质一段时间以来相对较低的原因。其次,模糊的、不易度量目标的引入更容易成为代理人追求自私人目标的借口,助长渎职和腐败。[①] 最后,实践中还常常将那些不易度量的政治目标以一些代理考核指标代替,如涉诉上访率、错案率,甚至上诉率、重审率、改判率,这些代理指标扭曲了法官激励,强调这些指标导致法官对司法原则的经常性背离。法官政治化的后果使法官不再是一个职业化、专业化的共同体,法律实施结果或者变得难以预期,或者变得可以操纵,成为利益的角斗场,这又可能带来更多更大的冲突,一些地区甚至出现为了有利的诉讼结果,当事人进行群体施压、上访施压。因此,尽管在现实中我们确实强调"审判工作服务于大局、服务于政治,需要法官既必须养成法律思维,更要培育政治智慧",但如果这些号召在没有其他更切实的机制做保证的情况下,就会只是停留在倡导的层面,而这些目标的不易度量和代理性考核指标的出现又带来了更多的扭曲。

在简单的以多任务要求法官不可行或难以达到预期效果的情况下,法官与政府目标趋同的一个极端办法是让法院成为政府下

① 强调公司社会责任有类似后果。"多重的、难于衡量的任务,可能会成为管理处谋私行为的借口和护身符。"参见[法]让·梯若尔著:《公司金融理论》(上册),王永钦译,中国人民大学出版社2014年版。

属的一个分支机构,完全受政府支配,法官作为公务员,完全听命于上级,政府掌握案件处理的完全控制权。不过,正如 Aghion 和 Tirole 强调的,①正式控制权的拥有者并不一定就是实际控制权的拥有者。由于信息常常掌握在代理人手中,通过操纵信息的传递,即使没有正式的控制权,代理人也常常成为实际控制人,拥有正式控制权的委托人则成为橡皮图章。如果信息的获取不是免费的,正式控制权的分配也不是毫无意义的,因为正式控制权更有助于激励控制权的拥有者获取决策信息。把正式控制权都留给政府,法官就缺乏动力去搞清楚相关的案件事实和法律适用。而且,完全由政府控制案件处理,当事人努力追求有利于自己"诉讼"结果的途径就不完全是寻找有利于自己的法律事实证据和法律条文,更可能是把法律问题变成一个政治问题,寻找媒体、公众的关注,寻找上级政府给当前政府施压。因此,政府拥有完全控制权并不一定符合自身利益,特别是前述的分析表明政府的多任务性质导致其很容易受到当事人的机会主义要挟,从而带来更大的纠纷和冲突,这也是我们经历了"文革"的教训,改革开放以后进行司法改革,强调审判独立的原因。

一种可能的改进办法是引入剩余控制权(residual control right),②把可以明确的权力交给法院,不能事前明确的权力保留,也就是有法律规定的都交给法官解决,没有法律规定的则留给政府。在否定法官造法的同时,通过立法实现最优的控制权分配。这是一种现代的大陆法系的解决办法,也是我们看到的正式的司

---

① 参见 Aghion, Philippe and Jean Tirole, "Formal and Real Authority in Organizations", *Journal of Political Economy*(1997): 1 – 29。

② 剩余控制权最早由哈特等引入,在合同不完备的情况下,资产的所有者成为剩余控制权的拥有者,剩余控制权也就成为所有权的同义语。

法制度安排,正式的法律颁布和最高人民法院相应的司法解释决定了法官的权力范围。但如前文分析,由于政府的多任务性质和法官单任务目标的冲突,以及转型期的情势和"中心工作"多变,政府或党委又一直掌握着实际的政治权力,这种简单的权力分配并不完全可行,即使法律有规定的情况下,如果法律执行与政府目标不一致,政府仍有干预的动力和能力,这时,正式的司法制度安排之外就可能还存在本书讨论的隐形的司法机制,这种隐形的司法机制的权力分配是一种视情况而定的相机控制权。

4.2 相机控制权与司法的过度干预

借用 Aghion 和 Bolton 的术语,我们把最后一种解决任务目标冲突的权力分配称作相机控制权(contingent control right)。[①] Aghion 和 Bolton 发现,企业家与投资者(债权人和股东)之间的目标是不一致的,企业家努力获得非货币收益(在职私人收益,如额外津贴消费),投资者努力获得货币收益,同时企业家存在财富约束。这时,从最大化总收益的角度,当企业家的非货币收益与总收益更加一致的时候,企业家获得控制权是最优的;当投资者的货币收益与总收益更加一致的时候,投资者获得控制权是最优的。企业家获得控制权对应于企业经营状况较好的时候,投资者获得控制权对应于企业经营状况较差的时候。[②]

① 参见 Aghion, Philippe and Patrick Bolton, "An Incomplete Contracts Approach to Financial Contracting", *The Review of Economic Studies*, 59. 3 (1992): 473 - 494。

② 哈特后来做了扩展,对企业家、优先股股东、普通股股东和债权人之间的控制权分配做了更细致的分析和考察。参见[美]奥利弗·哈特著:《企业、合同与财务结构》,费方域译,上海三联书店、上海人民出版社 2006 年版。

同样,政府的想法也是一种相机控制权的思路,在不影响社会稳定的情况下由法官根据法律解决纠纷,有助于良好法律预期的形成;反之,出于短期政治利益的考虑,政府介入以维护社会稳定。可以想象,普通的民事纠纷局限于当事人,政府的目标与法院的目标是一致的,政府一般不会介入;刑事纠纷外部性强,社会关注度高,行政纠纷涉及面广,关系到政府自身利益,政府介入动机强。政府介入的途径可以是完全不通过司法途径,①特别是当涉及民众与政府之间冲突的时候,更多的情况是通过司法途径,坚持以法律的名义解决纠纷,但政府掌握控制权,这里重点讨论后者。

在进一步分析现实中相机控制权的具体实施问题之前,需要指出的是,即使这种相机控制权得到了看似合理的配置,相比于社会最优的政府干预而言,政府实际干预也是过度的。为了更简洁地说明这个问题,可以参照哈特,使用一个简单的模型来刻画这种相机控制权。② 这个模型的思路是标准的法律经济学思路,先对法官严格执法的司法收益、政府干预的收益,以及作为两者之和的社会总收益做抽象的数学表达,然后比较分析法官、政府各自最大化自己收益的行为,并以最大化社会总收益的行为作为参照系对法官行为和政府行为进行福利评价。

法官按照法律规定审判带来的司法收益 b 是处罚程度 a 的函数,用 $b(a)$ 来表示,处罚程度过重过轻都不好,$(a) \geq 0$。假定政府的收益不仅依赖于 $b(a)$,还受到一个外生的随机因素 θ(事前难以预期的情势变化,如群体性事件)影响,这个随机因素从两方

① 法院拒绝受理某类案件。

② 参见[美]奥利弗·哈特著:《企业、合同与财务结构》,费方域译,上海三联书店、上海人民出版社 2006 年版。

面影响政府收益，一方面，情势影响政府对 $b(a)$ 的判断或重估，可以用 $b(a)$ 与 θ 相乘来刻画；另一方面，情势本身可能直接影响政府收益的大小，可以用 θ 的函数 $\beta(\theta)$ 来表示，那么，政府利益为 $\theta b(a)+\beta(\theta)$。只要 $\theta \geqslant 0$，最大化法官的司法收益 $b(a)$ 和最大化政府收益 $\theta b(a)+\beta(\theta)$ 是一样的。也就是说，对于政府而言，控制权由法官掌握还是政府掌握是无差异的，不过，假定法官使用法律解决纠纷具有合法性基础而收益更大，①这时最优的控制权分配是法官拥有控制权。但当 $\theta<0$ 时，两者目标出现了矛盾，政府将努力选择 a 使 $b(a)$ 等于零或趋向于零，以最小化情势带来的负面影响，这可能表现为政府介入后的从轻甚至不处罚，也可能表现为政府介入后的从重处罚，政治权力使得既有法律不能对政府行为构成约束。因此，对于政府而言，$\theta<0$ 时政府将努力获得控制权，反之，$\theta \geqslant 0$ 时政府宁愿法官拥有控制权。

对于整个社会而言，收益既包括法官公正判决带来的收益，还包括政府的收益，两者之和是 $b(a)+\theta b(a)+\beta(\theta)=(1+\theta)b(a)+\beta(\theta)$。因此，从最大化整个社会收益的角度，当 $1+\theta \geqslant 0$ 或 $\theta \geqslant -1$ 时，由法官拥有控制权是最优的；反之，$1+\theta<0$ 或 $\theta<-1$ 时，由政府拥有控制权是最优的。

将政府努力在 $\theta<0$ 时就试图拥有控制权作对比，我们发现，从社会的角度看（$\theta<-1$ 时政府才应该介入），政府有过度干预司法的动机，因为它没有充分考虑到法官严格执法的司法收益。政治权力则为政府过度干预提供了便利。

① 前文已经分析，由政府来解决纠纷容易受到机会主义的政治要挟。

4.3 相机控制权的实施

相机控制权最佳实施的前提是政府对情势 θ 的准确估计和判断。如果政府具有充分信息,政府可以根据案情对政治影响的大小做决策,超过相应临界值($\theta<0$)时介入,反之不介入。有些情况下,政府确实直接了解到了案情的进展,根据案情的影响,决定是否介入案情的审判。但更多的情况是大国司法信息的庞大数量和极度分散促使政府对司法控制权进行划分,一种简便的划分是按照地域进行划分,各级地方政府,准确地说是地方党委,因此,拥有了相应辖区的司法相机控制权。不过很多时候,即使在层级政府中按照行政辖区分配了相应的司法相机控制权,案件政治影响大小的信息仍然显得太多太分散,面对这种情况,地方政府要么选择抽查式的过问和介入,要么依赖案件请示制度作为辅助实施机制。抽查式的过问一方面可能会滞后,另一方面也可能会漏掉许多有不利影响的案子,风险规避会促使地方党委倾向于选择案件请示制度。由于行使司法相机控制权只是地方政府(党委)任务之一,为了减少信息处理,更好的办法是专门设立政法委来进行信息过滤,选择哪些案件需要请示。① 政法委的功能要求其能准确地拿捏案件的政治影响,因此,相应的政法委书记通常由地方政府党委常

① 1953 年 3 月 10 日公布的《中共中央关于加强中央人民政府系统各部门向中央请示报告制度及加强中央对于政府工作领导的决定(草案)》规定了政法工作(包括公安、检察和法院工作)由罗瑞卿、彭真、董必武负责,“这些同志应就自己分工范围内,确定哪些事件应向中央报告请示,哪些事件应责成各部门负责进行,哪些事件应按政府系统报告请示,哪些事件可以自行处理,以及承办中央所交付的有关任务和有关工作”。

委兼任。

政法委的信息又来源于法院的请示。不过,由于法官的司法收益与党委收益不完全一致,法官请示后被剥夺控制权将使其司法收益减少,①法官往往宁愿选择不请示。为了解决信息问题,法院院长将是最佳人选。同时,由于正式的司法制度是两审终审,地方党委行使司法相机控制权的隐形制度可能与作为正式制度的上诉法院有分歧,为了减少其间带来的不利的政治影响,同时向上级法院请示就不奇怪了。不过,法院院长常常也是法官,出于法官的利益,他可能也缺乏请示的动机,出于保证信息通畅的需要,党委掌握了法院院长的最终任命权。事实上,我国法院院长的产生是"由本级党委和上级法院提名和建议,上级党委与本级党委和上级法院协商,并征求政府、人大、政协和民主党派意见,本级人大选举,最终由上级党委决定人选任命"。② 进一步,由于从请示的角度讲,法院院长与政法委书记类似,为了避免法院院长作为法官的目标与请示之间的冲突,法院院长甚至是否是法官,或是否经过专业训练都不重要。可以料想,影响越重大的案件,请示就越重要。级别越高的法院,处理的案件相对影响越重大,越需要请示。因此,级别更高法院的院长越可能不是专业法官。这正是左为民调研后的发现,"在基层法院中,职业法官出身的院长比例在 80% 左右;在中级法院,具有法、检工作经历的比例则下降到 70% 左右。在高级法院中,法院院长法律专业素养的色彩相对更为淡化。以 2013 年在任的全国 31 个高级人民法院院长为例,仅有 45% 的院长(14

---

① 前文分析表明,政府或党委介入后会选择 a 使 $b(a)$ 趋向于零,它小于法官选择 a 最大化的司法收益 $b(a)$。

② 参见刘忠:《条条与块块关系下的法院院长产生》,载《环球法律评论》2012 年第 1 期,第 107 ~ 125 页。

人）具有法律本科及以上的专业化学习背景，16%的院长（5人）没有任何法科学习背景，39%的院长（12人）虽然具有党校在职研修法律的学历背景，但这种学习更多的是象征性、短期化或培训式的，对法律专业素养的形成基本无多大助益……可以说，在31位高级法院院长中，接近半数的人（43%）是在半辈子甚至大半辈子都没有接触过司法专业工作的情况下，转眼间就从一个司法外行变成了一名大法官”。①

面临越来越多的诉讼，即使是在法院内部，如果法院院长仅通过主动调阅的方式，他可能也会挂一漏万，因此，在法院内部进一步建立请示制度就有必要。如前所述，如果法官独立判案，并以此建立个人声誉，法官最大化司法利益的目标会导致其不愿意请示。为了避免这种状况，在法院内部建立法官的激励考核机制，将错案率、重审率、改判率作为法官的紧箍咒，这些指标彻底改变了法官的激励，法官从此类似于公务员，不存在法官个人声誉市场，相反，少出错，降低风险，避免承担责任才是要务，向上级请示无疑成为自我保护的手段，这极大地激励了请示的积极性。由此，为解决信息问题的层层请示制度被建立起来了。

法官考核制度激励层层请示和法院院长的任命方式带来的一个问题可能是为了避免承担责任，法官主动交出控制权，法院院长亦如是。这会导致请示链条拉长，链条越长，信息主动发现的激励和信息的传递都可能越扭曲，最后却由处于信息最劣势的最高的上级党委来解决所有纠纷。这违背了建立请示制度，分配相机控制权的初衷。为了避免这种状况，每一个被请示的组织或领导都

① 参见左为民：《中国法院院长角色的实证研究》，载《中国法学》2014年第1期，第5~25页。

希望请示者能自行处理职责权限范围内的案子，办法就是带有批评性质的请示驳回，鼓励独立办案。一方面鼓励请示，另一方面驳回请示，请示者与被请示者展开了一场看似矛盾的博弈。在这场不断请示与驳回的重复博弈中，各方逐渐了解各自控制权的边界，每一方在各自权力范围内解决纠纷。一线法官解决 $\theta \geqslant 0$ 时的纠纷，$\theta < 0$ 时的案件则需要在法院院长、上级法院、政法委、本级党委、上级党委等进一步细分控制权。最佳分配是案子的政治影响越大，要求越慎重，越需要更高层做出决定。同样，对于法院院长而言，级别越高的法院院长，越需要以政治思维、大局意识干预处理案件，而不是固守法律文本，其司法经历和素质相对越不重要，这再次印证了前述左为民的更高级别的法院院长更可能是政治家的发现。不过，总体上来讲，这种细分的界限并不是泾渭分明的，跟领导个人的风格、能力有关，需要通过各方多次的磨合去寻找，而且适当越界不是不被允许的。在鼓励请示的制度安排下，法官避免承担责任和各级庭长、院长对控制权收益的偏好使一线法官请示 $\theta \geqslant 0$ 的案件也可能成为常态。[①] 请示与法院院长过问，地方党委、上级法院给出倾向性意见一起促成了司法审判的行政化。

这种界限不明、多头请示的控制权分配常常导致案件的久拖不决，正式的审限规定也难以约束这种非正式的机制安排。在一种通过指标考核、问责激励请示的制度背景下，无论是请示者还是

① 对忙于请示报告的现象，邓小平批评认为，这是官僚主义的表现，“官僚主义的另一病根是，我们的党政机构以及各种企业、事业领导机构中，长期缺少严格的从上而下的行政法规和个人负责制，缺少对于每个机关乃至每个人的职责权限的严格明确的规定，以致事无大小，往往无章可循，绝大多数人往往不能独立负责地处理他所应当处理的问题，只好成天忙于请示报告，批转文件”。参见邓小平：《党和国家领导制度的改革》，载《人民日报》1980 年 8 月 18 日。

被请示者，都会尽量避免以个人名义干预或决策，决策多以集体名义做出，如审判委员会、党委，即使最终的拍板决定权是法院院长、政法委书记或党委书记。集体决定往往进一步降低了司法效率，而且以组织名义做出的决定是难以追诉的，这使问责机制最后问不了责，只是成为请示制度的实施机制而已。许多冤假错案难以找到最终的责任人，原因就是如此。

界限不明的控制权分配一方面激励了法官过度请示以避免承担责任，另一方面也为官员过度甚至任意干预带来了空间。相机控制权分配的目的是使正式司法制度与隐形机制形成一种互补关系，各司其职，但过度请示和任意干预使隐形机制替代了本该由正式机制发挥作用的范围。尽管隐形机制对当事人是秘密进行的，但公众对它的频繁使用不可能全然无知，“暗箱操作”使公众“往坏处想”，司法不信任在所难免。近年来，最高人民法院、最高人民检察院在全国人大会议上一直获得最多的反对票只是冰山一角。界限不明，官员任意干预使相机控制权分配在打开另一条不公开、不透明的司法通道的同时也为腐败、找关系影响司法打开了一扇大门。很多人把这种不信任简单归咎于个别法官的腐败，这个理由是不充分的。司法不透明的“暗箱操作”以及附带的腐败才是主要原因。

为了消除公众对审判过程是否公平公正的疑虑，河南、北京、上海、浙江先后公开了司法裁判文书，许多案件实行公开审判，最高人民法院也发布了今后全国各级法院裁判文书都要公开上网的规定，但毫无疑问，这种公开是选择性的，①它是否能有效提高公众

① 龙宗智发现审判公开也是选择性的，甚至预先排练，具有表演性质。参见龙宗智：《“内忧外患”中的审判公开——主要从刑事诉讼的视角分析》，载《当代法学》2013 年第 6 期，第 3～12 页。

对司法的信任还有待进一步实证研究。一个很重要的疑问是为什么不可以明确,彻底公开这种相机控制权的分配以及分配的政治理由?这主要有三个原因:第一,前面的分析表明,情势的判断是主观的,有一定随意性,明确界定较为困难。事实上,出于对权力的渴望或免责的要求,官员很可能有夸大对情势的判断,过度干预的嫌疑。这也是为什么相机控制权作为增加可保证收入,[①]激励企业融资的机制在公司治理中运行良好,在司法权力配置中却运行走样的原因。公司治理中,权力转移依赖于明确的可验证的变量,例如,企业的 EBIT(息税前利润)低于某一数量,风险投资者就能获得投票权;企业的净资产,也就是到期的累积现金流低于某一临界值,风险投资者就能控制董事会;企业不能按期还本付息,债权人就获得了控制权。[②] 但这里的政治情势却无法这样明确,每一级控制权的划分和纠纷解决都需要"政治智慧"。第二,与私人平等约定控制权配置并由第三方保证实施有很大不同,这里,政治权力的上下级关系可以使事前的权力配置约定意义不大,上级的不干预承诺往往是不可置信的。[③] 第三,政治理由不能公开,因为公开政府的政治考量会鼓励当事人进行政治要挟,加重政治不稳定。即使如此,重复博弈使司法的政治考量已经不是秘密,当事人如果知道法院之上还有一个党委或政府可能起决定性作用,"拦路喊冤"就可能复活,以上访要挟法院,聚众给政府施加压力以求得有

---

① 可保证收入指的是投资者能确定获得的无风险收入。

② 参见[法]让·梯若尔著:《公司金融理论》,王永钦译,中国人民大学出版社 2007 年版。

③ Acemoglu 特别强调政治权力暗含的不可置信承诺带来的后果。参见 Acemoglu, Daron, "Why Not a Political Coase Theorem? Social Conflict, Commitment, and Politics", *Journal of Comparative Economics* 31.4 (2003): 620-652。

利结果也就开始成为常态。

4.4 法治抑或相机控制

在证券设计中,相机控制权分配针对的是事前无法明确事项的事后决策权的归属如何依赖于某个第三方可观察、可核实的变量,这种权力的相机转移能够增加投资者的可保证收入,从而有利于融资。尽管相机控制权决策的内容受到合同不完全的限制无法事先约定,但是,权力分配却是事先可以约定并由第三方实施的。笔者分析的相机控制权是一种政治上的相机控制,不仅决策内容无法事先约定,权力分配事先也难以约定清楚,即使约定清楚也可能由于政治权力而变得不可置信。正是这些因素导致了上文分析的种种问题。如果说相机控制的目的是为了实现政府的多任务目标,如政治稳定、维护和加强党的执政地位,那么一个需要回答的问题是,政府或党的这些目标在相机控制中是否得到了很好的实现?

首先必须指出的一点是大部分案件,包括地方党委过问的案件都与政治稳定无关。侯猛把现实中需要请示的案件分为"事实难办案件"(法律事实认定困难)、"法律难办案件"(法律适用困难或无适用规定)、"影响难办案件"、"关系难办案件"四类。其中,"事实难办案件"和"法律难办案件"有一定必然性,如果事实和法律规定都清楚,当事人大都庭前和解,审判制度就是要把处理这些难办案件可能带来的司法错误成本最小化,这两类案件根本不需要也不应该请示,它们事实上属于 $\theta \geqslant 0$ 的案件,主要是法官考核制度和庭长、院长以及各级官员对控制权收益的个人偏好促使它们进入了请示范围。只要司法错误在可控范围内,每一次司法错误以及引起的国家赔偿,反而都是一场好的司法教育。如果说法院由于“事实难办”“法律难办”,依赖正式的两审终审制都无法解决,党委介入同样不能解决,而且通过单方面的请示断案而不是通过双方的质辩更可能引起错案和司法腐败,导致威慑过度或不足。相反,即使判决生效以后偶然发生的事实更加清楚,纠正已有判决也是有成本的,因为它使法院判决权威丧失,追求绝对实质正义的党委往往忽视了这种权衡。“关系难办案件”则完全是由相机控制权分配本身导致的,正是由于司法控制权一定程度上的随机外置,才导致当事人试图影响案件判决,各种关系进入法院,政府本身作为利益关联方导致关系进入法院则与相机控制权的地域分配有关。

对于“影响难办案件”,如第三部分证明的,由于地方政府或党委对司法的权威和长远收益考虑不够,其介入的动机是过度的。有的案件也许确实对党或政府的形象乃至社会稳定有影响,但这种影响是暂时的,可控的($-1\leqslant\theta<0$),没有必要干预。现实中,政府干预的手段常常是没有原则的,盲目顺应民意导致的结果是嫌疑人的权利难以得到保障,而且,如前所述,政府的多任务性质导致其容易受到当事人的机会主义要挟,现在除了刑事案件存在上访、聚众施压以外,甚至普通民事案件中也出现当事人对政府施压,政府“花钱买稳定”的现象。[1] 政府没有底线的妥协只会带来更多更大的不稳定。因此,请示制度下的隐形司法介入必须慎之又慎。

如果说现实的情况是大部分本不应该请示和干预的案件进入

---

① 参见贺雪峰、刘岳:《基层治理中的“不出事”逻辑》,载《学术研究》2010年第6期,第32~37页。

了请示范围($\theta \geq 0$),应该请示的案件党委又干预过多($-1 \leq \theta < 0$),且导致了更多的不稳定,那么,我们就必须思考相机控制制度可能的改进空间,努力将政府干预或相机控制压缩在社会最优范围($\theta < -1$)之内。

现有的请示制度和相机控制事实上是我们党领导下国家治理方式在司法领域的体现。早在1953年公布的《中共中央关于加强中央人民政府系统各部门向中央请示报告制度及加强中央对于政府工作领导的决定(草案)》就明确提出:"今后政府工作中一切主要的和重要的方针、政策、计划和重大事项,均须事先请示中央,并经过中央讨论和决定或批准以后,始得执行。政府各部门对于中央的决议和指示的执行情况及工作中的重大问题,均须定期地和及时地向中央报告或请示,以便能取得中央经常的、直接的领导。"正式控制权的过度集中损害了地方创新的积极性,这种集权体制下的请示制度即使在非司法领域也带来了很多问题,经济改革的成功正是分权的结果,制度的创新常常出现在计划和审批之外。

如果说政法要为党的"中心工作"服务,党委应该保留一定的相机控制权,那么,至少审级制度本身为案件的政治影响大小做了一定筛选,由二审法院院长过滤后的案件才应该进入党委考虑是否干预的范围。有的案件表面上看起来影响大,如果在一审法院已经得到解决,没有上诉到二审法院,表明当事人已经服判,政治影响已经消失。同样,进入二审法院的案件也不都是需要请示介入干预的,前文表明,现有的中级乃至高级法院院长更可能具有政治判断力,由他们筛选后的请示应该更合适。唯一的担心是一审法院判决引起的政治影响可能会不可控,这种担心是不必要的,二审可能的改判预期本身会降低案件的政治影响,一审法官素质的提高则使改革条件更加成熟。事实上,现有的过度干预本身加剧而不是减少了政治稳定,因为它使政治要挟影响诉讼结果有机可乘。

如果司法改革就此前进一步,现有的弊端将得到极大的消除。如果“事实难办案件”、“法律难办案件”和“影响难办案件”不再进入一审法院的请示范围,所有相关请示都将被驳回,与之配套的鼓励请示的考核制度一并废除,至少在基层法院实现审判独立就不再是神话。随着基层法官素质的提高,院长过问、审委会决定也可随之在基层法院废除,判者不审、审者不判的现象也就随之消失。法官独立判案,法官个人声誉市场将随之建立,裁判文书公开会进一步强化法官声誉。基层法院实际承揽了绝大部分案件,这将极大地改变人们对司法的预期乃至信任。由于影响二审法官更加困难,“关系难办案件”也会随之得到极大遏制。

4.5 结　语

法律经济学从早期对法律,特别是反托拉斯法的实施后果的关注到现代对法律制度背后的经济学逻辑的全面讨论,使我们对正式的法律制度,特别是普通法系的立法、司法有了比较深刻的认识。然而,现有理论对于法律移植国家,特别是转型国家,解释力却明显不足。已有的批评和解释局限于“标签式”的司法不独立、司法腐败,甚至政治经济文化差异,少有进一步的逻辑挖掘。本书提出,事实上,当前正式司法制度(剩余控制权分配)背后还存在一个隐形的司法制度(多任务倡导和相机控制权分配),许多法学界难以理解的“不合理的”的司法实践其实都是它的表现形式。进一步,我们讨论了它的产生,它与正式司法制度的关系,它的运行逻辑以及它的实际后果。可以把剩余控制权分配、多任务倡导和相机控制权分配看做是政府干预程度渐深的制度安排,政府干预可以取得适应转型社会情势变化的灵活性收益,却带来正式司法制度虚置,司法信任丧失的成本。随着中国经济和法治转型的成功,灵活性收益的减少,政府将有激励放弃相机控制权。弱化政法委的职能,反对官员对个案的干预,强调司法公开,一切都正在发生。

现代制度经济学文献常常把制度分作正式制度和非正式制度。[①] 正式制度有明确的强制的实施机构,非正式制度实施主要依赖内化的价值观、伦理、道德等。严格说来,本书研究的隐形机制属于介于两者之间的"潜规则"。一定程度上它是"正式"的,因为它有相应的正式的实施机制,以内部的正式文件作为依据的制度安排,另一方面,它又是"非正式"的,因为它不公开,常常隐藏在正式的制度后面。这种现象在中国很多制度安排中都出现了,吴思第一次系统地考察了它在中国历史中的种种表现。[②] 不过,对它的正式的学理分析却很缺乏。现实中许多潜规则其实是正式制度不健全或执行不力而衍生出的代理人渎职,这种现象并没有多少新的理论分析价值。本书分析的对象则不然,隐形机制是委托人主动设计的结果,这套隐形司法制度有明确的实施机制,尽管从委托人机制设计来讲,它发挥的是次要作用,但它与正式司法制度的持续共存表明这是一个需要认真对待并加以研究的稳定均衡。

① 参见[美]道格拉斯·C. 诺思著:《制度、制度变迁与经济绩效》,杭行译,格致出版社、上海人民出版社2008年版。

② 参见吴思著:《潜规则:中国历史中的真实游戏》,复旦大学出版社2009年版。

5. 间接执法成本、间接损害与选择性执法*

在经历了以政策指导，而不是法律调节社会行为及社会关系所造成的秩序混乱以后，我们一直尝试构造法治社会，以法律手段规范人们的行为。经过多年努力，现已形成了庞大的成文法系统，但真正能够影响人们行为的是那部分得到实际执行的法律。现实的问题是大量法律得不到严格执行，有的虽然得到了执行，但执法方式不是依照正常的法律程序，行政干预起到了很大作用，这与现有相对完整的成文法体系形成强烈反差。因此，许多学者强调转轨国家执法体系的构建比成文法体系的建立更重要。笔者认为，造成目前状况的一个根本原因是，法律与政策相比，灵活性更差，但

---

* 本章内容原文发表于《经济研究》2006 年第 9 期。

在不可预测情势不断改变的情况下,执法的松紧变化可以作为获得灵活性和主动性的重要手段。

5.1 备择的其他解释

经济学总是以成本收益来解释世界。但是,已有文献把重点都放在了直接执法成本和直接损害上,前者指的是处理违法事件过程中调查取证、逮捕、诉讼和惩罚等活动所导致的成本;后者则指包括了损害者利益和受害者损失的净损害。高昂的直接执法成本导致法律要么只能以一定概率随机执行,要么对某些损害完全无能为力。笔者力图把间接执法成本和间接损害也纳入分析中来。间接执法成本指当法律本身由于不能适应情势的变化而不尽合理,甚至为“恶法”时,法律的严格实施可能导致社会损失或社会收益的减少,如无效率价格管制引起的社会福利净损失;间接损害则指由于执法懈怠导致人们关于受害概率提高而必须增加的防范投入(Hay 和 Shleifer, 1998),以及违法行为所导致的负外部性(Karpoff 和 Lott,1993),特别是由此引发社会、政治的不稳定,造成对经济增长或发展的损害。① 笔者发现,当同时考虑到间接损害和间接执法成本,导致总成本过大时,受到约束较少的执法者往往倾向于在执行过程中相机抉择,即非随机执行,或者说选择性执行法律,而不是先改变法律本身。本节先对已有讨论作一概括,然后引出已有研究所忽视的一种特殊的选择性执法现象。

对直接执法成本,自从 Becker(1968)和 Stigler(1970)将其引入

① 另一种思考方式是从执法减少直接和间接损害的角度把这两者归结于执法收益,再与直接和间接的执法成本相对比。

讨论以后，法经济学文献已经对此进行了广泛深入的研究（Polinsky和Shavell，2000）。由于直接执法成本的存在，损害者只能以一定概率被惩处，并且最优执法要求惩罚大小与经过直接执法成本导致的概率调整后的损害相等。① 甚至，如果执法成本确实太大，比如第三方不可观察，或者对执法收益相对较低的琐碎行为，法律都难以将其纳入调节范围。不过，随着执法技术的提高，直接执法成本相应下降，很多过去不可执行的法律现在也被强制实施。直接执法成本高昂，也是国内学者对现有很多法律得不到执行的一致共识（王锡锌，2005；徐昕，2004）。这表现在某些法律执行所要求的法官素质在现有的成本约束下短期内是不可实现的，同时，警力、预算也都有限；而另一些法律则质量低下，将道德与法律混淆，导致在现有执法技术约束下难以执行。前者如证券执法中民事赔偿由于法官对侵权与否及其大小的认定都存在困难而大都没有得到执行（陆正飞、汤立斌、卢英武，2002），后者如周旺生（2006）对许多法律规定不可能得到执行的评论，如宪法中的“劳动是一切有劳动能力的公民的光荣职责”、婚姻法中的“夫妻应当互相忠实”、妇女保障法中的“国家鼓励妇女自尊、自信、自立、自强”等。

当然，对现实中的损害，法律作用甚小的另一种看法是我国法律还不成熟，从而造成目前成文法的不完备，这表现为成文法的模糊或空白。但可以确定的是，由于信息成本的缘故，法律不可能事前把所有情况的解决方案都详细周到地制定下来。大陆法系大都以完备的法律体系为目标，试图把各种可能的行为都纳入法律调

① 惩罚是应该与损害者的收益还是与其所造成的损害相关，Polinsky和Shavell（1994）研究后认为，考虑到执法者对收益、损害都可能存在估计错误，将惩罚直接建立在损害上要远远优于建立在收益上。

节范围(这是本书语境中完备的意义)。法律制定得越完备,规定得越细致,人们预期越准确,法官判案越容易,但即使是完备(complete)的法律体系,在执行意义上也并不一定是完美的(perfect)。完备的法律指的是对可能的事件事前都有所规定,而完美的法律指的是法律不仅在事前有所规定,而且事后的执行收益超过成本。由于笔者关注的焦点是法律有规定(完备),却不一定都得到执行(不完美)的情况,对由于法律没有规定但对社会有损害的行为则不予讨论。

上述讨论可以解释目前执法中的很多现象,但我们面临的现实不仅是法律以更低的概率执行;相反,法律有时得到了超乎寻常的严格执行,同一部法律或同一法条在不同时期执行程度也可能有很大差异。比如,每年年关对食品、交通安全管制法规执行的强化;阜阳奶粉事件后对全国所有奶粉制造商的普查;证券市场执法的忽冷忽热;对盗版、走私、假冒伪劣、煤矿安全、污染治理等的执法变化也都是非常大的。我们很难说这是由于直接执法成本的变化引起的执法力度的调整。因此,不同法律,或者同一部法律或法条执行上的这种非随机变化,在直接执法成本没有重大差异或者变化的情况下,已有的理论框架并未给出圆满的解释。本书研究发现,导致执法松紧剧烈变化的往往不是直接执法成本和损害的大小,而是综合考虑到间接执法成本和损害引起的结果。这样,当我们在目前的制度背景下假定国家完全决定执法者的行为(在没有歧义的情况下,后文将不再对国家和执法者做出区分),①那么,这种执法上的变化就可以看做是国家,根据不同的情势变化,试图获得灵活性,摆脱成文法的僵化而在执法上做出的调整。本章把

① 本书也不对国家、政府、统治者等概念做更细致的区别对待。

这种调整,即什么时候严格执行哪部法律,采取什么执法手段,什么时候放松哪部法律的执行,什么时候严格执行哪个具体的案件,采取什么执法手段,什么时候对哪个案件执行特别对待的视具体情况而定的执法方式(law by law, case by case)称作选择性执法(selective enforcement of law)。

5.2 剩余执法权

传统经济学的比较静态分析很大程度上把时间这个重要因素给抽象掉了。当我们引入时间以后,不确定的未来和信息的成本导致不可能事前对将要发生的所有事件达成契约,因而只能规定未来谁有权力对没有规定的事件做决定。[①] Grossman 和 Hart(1986)以是否能够事先做出契约性规定为划分标准,把契约性权利分为特定权利和剩余权利。如果"世界状态"(state of the world)事前极难预测,应对各自状态的行为就具有非契约性,尽管一旦世界的状态明朗化,即在事后行为是具有契约性的。这样,事前不具有契约性的行为决策权力必须赋予交易某一方,成为剩余控制权。

法律也是一种契约,同样面临着事后如何对事前没有规定的事件处理的问题。皮斯托和许成钢(2002、2003)受 Grossman 和 Hart 影响,在不完备法律框架下提出了剩余立法权的概念。即事先的法律规定由于信息成本的原因,无法考虑到事后的每种情况,

① 后来不完备契约理论的发展表明,契约的不完备源于以下几种因素:第一,不可预见的状态(unforeseen contingencies)。即未来的状态很大程度上是不可描述的。第二,签订契约的成本。即使状态能够预见,但它们如此繁多以致描述成本仍然可能过高。第三,实施契约的成本。法庭能够实施的契约是有限的。第四,考虑到法庭的局限,交易双方宁愿留出模糊或空白事后重新谈判(Tirole,1999)。

谁有权决定如何处理这些没有考虑到的情况就显得很重要。这种填补事前法律模糊或空白的权力被他们称为剩余立法权，它的最优分配决定了现有法庭、管制在不同情况下分别享有剩余立法权的执法体系（许成钢，2001）。

无论是 Grossman 和 Hart 的不完备契约理论，还是皮斯托和许成钢的不完备法律理论，他们对剩余控制权或剩余立法权的阐述，都集中在“世界状态”事前不可知，从而行为不具有契约性的情况下，如何应对，谁有权在事后行使剩余控制权的讨论上。对于那些事前具有契约性，事后尽管也具有契约性，但客观情况使特定权利的执行至少与讨价还价费用为零的情况相比得不偿失，即在信息成本约束下，人们事前力图尽量制定完备的合约，事后却发现严格执行不会带来任何交易利益，甚至还会引起各方总福利的减少（尽管一方可能因为来自另一方的财富转移而获利），这时，契约或法律的最优执行是根据不同“世界状态”进行选择性执行（这种权利应该更准确地称为剩余执行权），他们的讨论至今还完全没有涉及。

对于契约，法经济学的研究已经把实务中的选择性执行进行了整理分类。已有研究认为，僵化地执行契约条款并不是契约法的目的。即使是作为司法救济的赔偿，“当履约的成本超过各方所获利益时”，“有效违约”也是允许的。存在所谓的立约抗辩和履约抗辩，在没有赔偿的情况下放弃契约的执行。前者指的是契约本身的不完美妨碍了其合法性，如契约签订时存在胁迫；契约至少有一方无能力或无资格；存在单方面或双方面的失误；或者一方对另一方存在透露、误述和欺诈的责任；显失公平等。后者指的是情况的变化破坏了契约的标的，使履行实际上不可能，或者商业上不可行（考特、尤伦，1988）。因此，作为第三方的法官判决，克服事后讨价还价造成的困难,对不同世界状态下契约的选择性执行是至关重要的。

但对那些遭遇现实挑战的成文法,却不存在这种第三方超越,现有的理论对此也没有深入的讨论。与此相关的讨论是经济学家对普通法比大陆法更有利于资本市场的发展,从而有利于长期经济增长原因的其中一个论点,认为普通法下法官通过确立先例造法更有利于灵活地适应环境的改变①(Beck、Demirguc-Kunt、Levine,2002)。但他们对大陆法下,法官如何超越成文法的僵化却所论甚少。

本书的分析对象是那些事前有规定,但没有得到很好执行的行为。可以把是否执行、如何执行的权力更准确地称之为剩余执法权(residual rights of law-enforcement)。在国家权力占主导地位的情况下,剩余执法权很大程度上直接由政府掌握,而不是独立的执法代理人。这时,国家的相机抉择决定了哪些法律得到更严格的执行,哪些法律的执行需要放弃。

5.3 选择性执法与灵活性的获得

对政府目标函数的设定在经济学理论发展史上一直是一个比较有争议的话题。针对本章研究的问题,我们在方便实用的方法论下假设国家力图通过执法投入的多少和执法方式的变化,使总成本,包括直接、间接的执法成本和损害最小化。但作为分权过程的改革,信息成本和监督费用使得地方政府可以对很多决策有重

① 但这个论点没有得到普遍认可。另一个论点把它归结于历史上的大陆法都存在国家干预的传统,得到了更多的支持。

大影响。因此,目前对我国政府的分析,如果不把中央政府和地方政府分开来考虑,将忽视现实中很多有待解释的现象。所以,总成本最小化最好当做中央政府的目标函数。处于官僚层级的地方政府的目标函数则有所不同,社会、政治的稳定,长期的经济增长对地方而言具有很大外部性。事实上,在目前的制度背景中,很多学者都把职务的晋升作为理解地方官员行为的基础(周黎安,2004),笔者坚持这种传统,后文将对此作进一步分析。

当法律有效率时,按照上文定义,间接执法成本为零,由此,中央政府面临的成本函数为:

$$\min: C = h(e,u) + c[h(e,u),u] + e \tag{1}$$

其中,C 表示总成本,h 表示同时考虑到损害者、受害者利益和损失后,事件所造成的净损害,它是执法投入 e 和执法方式 u 的减函数,因为执法投入越大,执法方式越灵活,案件越能迅速得到解决,对那些在结案前损害持续进行的案件尤其如此。它们都在边际报酬递减规律下有二阶导数大于零。① c 表示间接损害。当直接损害小于等于零时,对应的间接损害也为零;当直接损害大于零时则随着直接损害增加而增加。执法方式的灵活一方面带来直接损害减小,从而间接损害减小;另一方面由于它扰乱了人们对法律执行的预期,也与法治化目标冲突,又会带来间接损害的增加②,即 $\frac{\partial c}{\partial u} > 0$,而且,频繁地使用实际上取消了法律对人们行为的激励作

① 边际报酬递减的二阶导数一般是小于零,但这里的报酬是减少的损害,所以损害对执法投入的二阶导数是大于零;当 h 为负(见后文的分析),即法律惩罚的事件实际上是有利的事情时,二阶导数小于零。

② 由于法治是长期经济增长的前提和保证,所以,这种间接损害可以理解为对长期经济增长的阻碍。

用,可能使间接损害增加更快,所以,可以假设$\frac{\partial^2 c}{\partial u^2}\geqslant 0$。因此,$u$对总成本大小的最终影响是不确定的,可能因具体案件而不同。

方便起见,假定对执法投入e不存在预算约束,则最优的执法投入由下式决定,即:

$$\frac{\partial h}{\partial e}+\frac{\partial c}{\partial h}\frac{\partial h}{\partial e}+1=0 \tag{2}$$

与单纯考虑直接损害相比,间接损害可能导致执法投入增加。当损害很大,执法方式的变化对损害大小有实质性影响,执法投入e的变化不足以使总成本最小化时,就需要对执法方式做出一定灵活性调整。这种灵活性调整不是指既有法律程序下的调整(它可以在执法投入e下讨论,即损害越大,执法投入越大),而是指超越既有的司法程序(为了强化某法条的执行而忽视程序法的约束)。由于这种调整带来的负外部性,所以,超越的程度大小将因损害的大小而异,可能只是通过个人福利变化间接影响执法者,也可能是口头干预、领导批示或者红头文件干预,最后,还可能完全以行政解决取代司法。这时,最优执法灵活性大小u^*由下式决定:

$$\frac{\partial h}{\partial u}+\frac{\partial c}{\partial h}\frac{\partial h}{\partial u}+\frac{\partial c}{\partial u}=\frac{\partial h}{\partial u}\left(1+\frac{\partial c}{\partial h}\right)+\frac{\partial c}{\partial u}=0 \tag{3}$$

为了用图示对上述各个均衡力量做出更清楚的说明和方便起见,假设直接损害对应的间接损害与争取执法方式灵活性带来的间接损害具有可加性,则(1)式具体为:

$$\begin{aligned}\min: C &= h(e,u)+c[h(e,u),u]+e\\ &= h(e,u)+c_1[h(e,u)]+c_2(u)+e\end{aligned} \tag{4}$$

c_1表示直接损害到间接损害的映射(该映射可能因案件性质、获得案件信息的公众多少及其掌握的信息量大小,当时的制度背景等其他条件而不同),c_2表示为获得执法方式的灵活而带来法治败坏，从而对长期经济增长的损害。则上述变量关系如图5－1和图5－2所示。

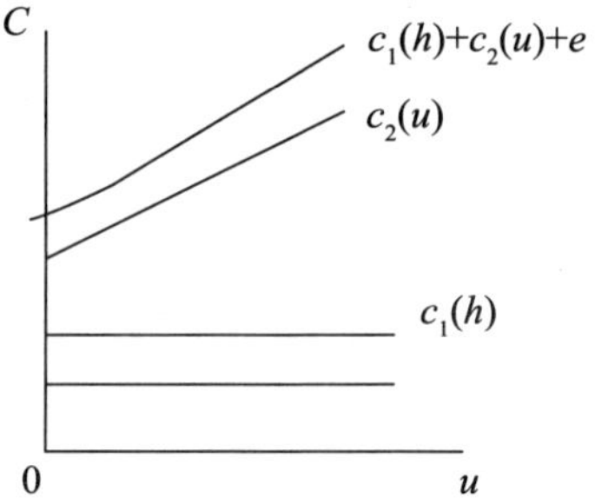

图5－1

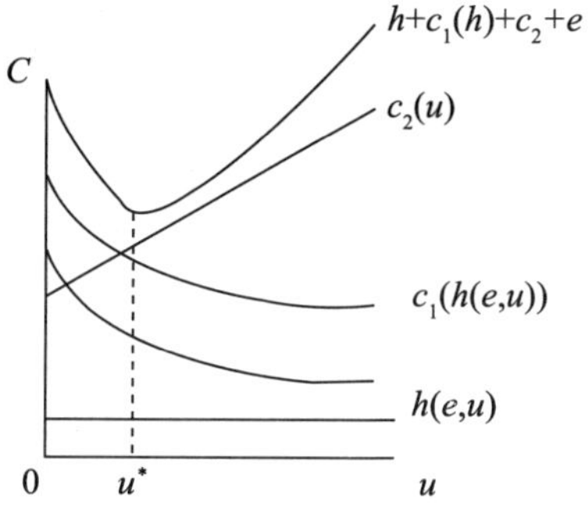

图5－2

当执法方式的变化对案件造成的损害影响很小甚至没有影响，即(3)式左边第一项$\frac{\partial h}{\partial u}$为零，使得(3)式不成立。这种情况适用于许多涉及面小的普通民事、刑事案件。这时，间接损害$c(h,u)$、总成本C对u都严格单调递增，最优的u值为零，即最优的解决方式是按照事前规定或法律程序处理，如图5－1所示。反之，当损害大，受害者多，如打击地方黑恶势力、确保食品安全，执法方式的灵活性调整所起的作用就大，u值大小由(3)式或图5－2决定。如果直接损害h越大，灵活执法减少的损害也越大，即初始$\frac{\partial h}{\partial u}$的绝对值越大，或者对应的边际间接损害越大，即$\frac{\partial c}{\partial h}$越大，则由(3)式可知，在$\frac{\partial c}{\partial u}$不变的情况下，$u^*$值相应增加。也就是说，与执法投入的选择一样，国家以行政手段处理案件，超越法律程序不是任意的，程度大小是有选择的。国家将力图在边际上使直接损害和间接损害的减少与破坏人们对法律正常执行预期带来的间接损害增加相等。损害越大,从而间接损害也越大的案件,执法方式上背离正常司法程序的可能性和程度就越大;反之,背离的可能性和程度就越小。比如,国家在现有执法体制下特别开设了信访渠道,但大部分信访并没有通过上级政府介入的形式解决,而个别影响较大,相对比较严重的案件,往往得到重视,获得了"关照"。一些涉及金融稳定的案件,如非法集资、股价操纵等,以及一些类似损害大、涉及人数多、地区广的案件,如小煤窑安全隐患、民工欠薪、国有资产流失、贪污腐败等,对社会政治稳定,从而间接损害影响较大,其处理常常同时动用了政府各部门和各个层级政府,以求案件得到迅速处理。如果考虑到不同时期,案件的普遍性、严重性不同,从而间接损害不同,还可能出现现实中常见的不定期"严打"的运动式执法。

前面讨论的都是法律有规定,给社会带来净成本的事件,只是由于考虑到间接损害后的总成本过大,从而出于灵活性需要,不仅要求执法投入变化,还要求执法方式上更加灵活,以求成本最小。而有的法律拟惩罚对象,随着时间发展,环境改变,带来的可能不再是成本,而是收益,这时,严格执行已经过时的法律将是一种净损失,或者说将导致间接执法成本增加。对这类法律,最优的执法投入 e 和 u 都是零。中间时期则是执法投入或法律执行减少的阶段。这类例子很多,我国改革的许多重大进展最初都是非法、甚至违法的,后来却得到新法律的认可。

而且,由于法律颁布是统一的,不同时期、不同地方,条件不一样,案件带来的净成本或净收益就不同,从而直接损害 $h(e,u)$ 的形状,正负也不同,这种情况导致执法在不同时期、不同地方执行程度存在重大差异,如人口控制。不同时期,不同地方,人口增长率,从而人口压力是不同的,执法上也有相应的变化。中央政府对这种执法状况实际上是默认的,它是选择性执法追求灵活性的另一种表现。

完成对中央政府灵活执法的分析,接下来分析地方政府。由于它处在官僚层级之中,基于现有的首长负责制和地方政府事实上可以在相当程度上影响地方执法的背景,笔者假定地方首长官员的效用最大化决定了地方的法律执行状况。对行政官僚以何者为目标最大化,Niskanen(1975)曾有过详尽的讨论。他说,一个官僚可能追求下列目标:"薪金、职务津贴、公共声誉、权力、任免权、机构的产出、变革的难易度、管理官僚机构的难易度。我认为,在某个官僚在位期间,除了最后两项外,其余所有这些变量都是该部门机构的总预算的正相关函数。"因此,他以预算最大化作为行政官僚的目标来讨论其行为、产出。但以预算最大化为目标在本书的讨论中显得很不方便。既然 Niskanen 因为官僚的多目标都与预算正相关而方便地采用了预算最大化,笔者采取类似的做法,认为部门的多目标都与其职务的高低直接相关。因此,可以假定职务的晋升是地方官员的目标函数,而目前职务的晋升与否基本上由上级政府考察变量的大小决定。考察的目标可能很多,国内研究已经发现,改革以后,经济绩效而不是政治忠诚成为官员晋升的最重要变量(周黎安,2004),而经济绩效与地方法治有很大关系。因此,假定其他条件不变的情况下,本书重点放在执法以及执法带来的后果这两个变量上。对于执法,上级政府主要关注前面已经分析的中央政府拟用政治、行政手段解决的那些损害较大或政治成本较大的案件,地方政府的协作、配合完成情况;另外,地方是否发生影响社会政治稳定的事件。由于一般的执法,上级政府无法一一过问,所以考察变量集中在执法的后果上,好的法律执行情况将促进地方经济增长,财政收入增加,从而有利于官员职务的升迁。

因此,可以把地方法律执行状况分作两类案件考察:一类是损害较大，涉及人数多，对中央政府来说间接损害较大的案件。当地方政府面临这类案件的时候，一票否决制使得他们开始大都极力“内部”解决。执法方式上，出于短期利益的考虑，地方政府往往不大考虑超越司法程序带来的长期损害大小，执法方式上将显得更加灵活。当事件由于媒体报道，群众上访等原因为上级政府所知，特别是中央政府所知的时候，法律的执行就由上级政府或中央政府介入，目标函数受到(1)式约束，地方政府将极力配合执行来自上级政府的指示(上文对 u 的讨论)。

另一类是中央政府不会过问，不涉及社会稳定的案件。按照前面的思路，没有间接损害，执法方式对直接损害的影响为零。按照前面推理，应该没有执法方式的变化。但是，一些短期有利于地方经济增长的损害，如盗版、污染，对于短期任职，以求职务晋升的地方政府官员，将更倾向于减少执法投入，这种与最优执法的偏离需要在执法方式上加以配合。当案件本身对经济整体而言构成损害，但损害外在化于地方政府，由其他地区承担，地方政府可能因为地区利益而偏袒地方企业或个人的违规行为；或者，当案件本身对经济整体而言是一种收益，但收益归于其他地区，本地企业或个人可能受到损害，地方政府可能对其他地区的企业或个人在当地的行为做出不适当的惩罚，这也需要地方政府干预，即在执法投入、执法方式上的灵活配合。这种地方保护主义的选择性执法，或者歧视行为已经得到广泛的报道和分析，笔者不再赘述。①

假设地方政府最大化短期经济增长率：

---

① 周黎安(2004)认为，由于官员晋升的锦标赛性质，地方政府甚至愿意付出成本，以达到损害其他地方(他以地方保护主义和重复建设为例)，阻止对方获得晋升的目的。这在执法上，可以表现为对地方利益保护的加强，即使已知交易互惠，但如果交易利益增加了对方晋升机会的话，地方政府仍然可能歧视性执法。

$$\max: g = g\{h[e(u)]\} \tag{5}$$

当短期的地方经济增长随着某种损害的增加而增加，但损害进一步扩大时，经济增长即使在短期也将下降，这种损害既可能局限于地方，也可能与其他地方有联系，这时地方政府的目标函数将先决定有利的最优损害，并由此确定相应的最优执法投入和执法方式。①

因此，与中央政府相比，地方政府由于不考虑执法方式上的变化对法治的破坏，从而长期经济增长降低的成本，将更加灵活多变；在执法投入上，不仅由于时势变化导致法律过时的情况需要加以调整，而且，即使法律对于长期，或经济整体而言是有效率的，地方政府也有动机出于短期考虑加以调整。

最后，对于执法代理人而言，也可以建立相应的效用函数，目标同样是职务的升迁，与前面一样，可转化为对地方政府所考察的可观测变量的满足。只是代理人的执法方式将局限于非政治或者非行政手段，但在某些情况下，代理人也有别的一些极端的执法方式可以选择，如刑讯。值得注意的是，这里存在另一种更为常见的选择性执法，即作为代理人的执法者寻租造成的结果。因为在监督费用不为零的情况下，代理人对于违规行为有执行与否以及惩罚大小的自由裁量权，对那些愿意将惩罚对应的货币价值部分地贿赂代理人的违规者，代理人可以放松法律的执行，而对那些不愿意或者没有适当渠道实施“有效”贿赂的违规者，则执法较严。自由裁量权导致的选择性执法是普遍的，对它的分析基本上可以沿用腐败或渎职的经济学理论（Becker，Stigler，1974）。而本章重点讨

① 假定 g 是 h 的凹函数，由此确定最优的 h；再假定 h 是 e，e 与社会最优的偏离是 u 的单调函数，则最优的 e、u 可确定。

论的是选择性执法的另一种来源,把选择性执法看做国家,即有立法权力并能够对执法实施有效影响的中央政府和地方政府,而不是代理人根据情势不同调整执法行为,以获得执法的灵活性。

5.4 结 语

在国家拥有立法权,同时对执法又能够实施有效影响的背景下,国家总是有激励对不同情况做出相机抉择。其中,一种重要的情况就是利用剩余执法权,通过执法投入和执法方式的变化进行选择性执法,以获得更大的灵活性。笔者认为,它是解释中国现有选择性执法,行政政策替代法庭裁决,严打式的周期性、运动式执法等多种“怪”现象的基础。也就是说,在现有的制度背景下,本书把目前的执法困境解释为国家有意为之,而不仅仅是由于直接执法成本过高或立法的低质量,并且从短期看,这种行为有其合理的效率基础。

但是,我国目前的这种通过政府在案件发生后,根据具体情势调整执法投入、执法方式来获得灵活性,在很大程度上是不可预期的,对社会来讲,这种灵活性的取得严重影响了人们对事实(de facto)法律的预期,成为决策短期化的根源。历史和当前的经济研究都证明了缺乏对国家行为进行有效约束是经济增长的瓶颈(North, Weingast, 1989; Jeffrey Sachs, 2003; 胡永泰、杨小凯, 2003)。① 如图5-1和图5-2所示,如果政府完全无视自己恣意行为的后果,对任何案件都灵活处理,即 u 趋于无穷,这时,法律将形同虚

① 通常对国家机会主义的解释是国家是作为规则的制定者,可能随时改变规则以有利于自己,或者违约而缺乏第三方制裁。

设，总成本也将趋于无穷，这在政权更迭的时候表现比较突出。

值得注意的是，本章以灵活性来解释国家执法的视角适用于所有组织中的制度实施。当状态有限且能够准确预见，即在确定性世界中，契约或法律等制度是完美的，不需要灵活性；当世界变化无端，不确定性极大时，灵活性的重要可能使任何事先的制度约束都成为障碍，这在企业家开发某种新产品、新市场、新技术等已有的制度都不可用时就会碰到。现实中大部分情况介于两者之间。一方面是不确定世界，另一方面很多情形也是可以事先预知，或者至少是有规律可循的，因此，是可以在经验中加以总结并制度化的。但这种制度化在事后环境改变较大时又可能遭到挑战，这时制度的制定者和执行者面临两种选择：一种是废除旧制度，建立新制度，另一种是选择性执行旧制度，两种选择都是有成本的。当制度改变的成本过高（不仅包括制度废除、重新建立通过的成本，还包括它朝令夕改带来预期混乱的成本，人们对它是否过时的判断需要时间等），选择性执行旧制度就成为次优解。① 比如，处于创业初期的企业，面临极大不确定性的企业家为了灵活应对各种情况，往往不需要任何规则，但这可能带来极大的道德风险，所以，创业者一般同时也是资本所有者；当企业变大，产品成熟，不确定性相应降低，规范化管理就很重要，企业家的地位下降，职业经理人已经可以胜任日常的管理工作。但由于不确定性不可能完全消除，职业经理往往也同时部分扮演着企业家的角色，对很多情况有灵活处理的权力，当然，必须面临参与和激励相容的约束。

由此推之，选择性执法以获得灵活性，不仅在中国出现，同样

① 契约中的灵活性通常通过事后的再谈判来获得，这在立法成本很高的情况下往往不是随时都可能的。

也在所有成文法国家出现,甚至在受到判例约束的普通法国家也不例外,因为判例也有过时、需要改变的时候。关键在于执法者的这种灵活性获得是否受到约束,在没有约束的情况下,选择性执法可能居于主导地位,并且难以随着情势的改变而退出;而在有约束的情况下,它的应用是极其有限的,如战争时期的特殊动员令。

6. 选择性执法
与制度企业家

改革的过程是一个从计划经济向市场经济转变的过程，从以政策和行政命令直接调节社会关系为主向法治社会间接治理为主转变的过程。由于理论难以对这种制度大变动作出有效的指导，我们只能“摸着石头过河”，自下而上的诱致性制度变迁与自上而下的宏观调节成为改革的鲜明特征。自下而上的诱致性制度变迁意味着改革常常是从“违法”开始的，自上而下的宏观调节往往是在已有成文法制约下因时因势不同而采取不同的治理对策，并表现为选择性执法。同样的“违法”活动，在此时此地可能成为打击对象，在彼时彼地则成为改革的有益探索，无数优秀的试图突破传统禁区的制度企业家们在这种选择性执法中或者成了牺牲品，或者成为背着“原罪”包袱、集桂冠和诟病于一身的备受关注的暴富群体,而大部分遵纪守法的人却失去了致富的先机归于贫困。戴治勇和杨晓维(2006)一般性地证明了转型时期的中国为什么存在根据情势不同而相机抉择的选择性执法,笔者则仅仅论证选择性执法的一种特殊情况,即政府在对改革前景存在信息约束的情况下,选择性地执行已有法律一方面造成制度企业家的不同命运,另一方面则同时给制度创新和腐败留下了空间。可以说,选择性执法有效地保证了转型过程中的渐进和平稳,并且在它庇护下持续的制度创新成为中国改革四十年来经济高速增长的关键,但同时它因人因时因势而异也导致人们开始怀疑法律本身的公信力,无法准确预期违法可能导致的后果,并对其导致的现有收入分配格局强烈不满。笔者在 Shavell (1987)模型的基础上讨论这场转型过程中制度企业家与政府之间的博弈,以完全信息下的最优执法作为基准,逐渐扩展到对违法收益、损害存在不完全信息的情况。

6.1 “违法”的制度企业家

戴治勇和杨晓维(2006)把国家为了获得灵活性,根据情势变化,摆脱成文法的僵化而在执法上做出的调整都称为选择性执法,这里面既包括执法不严,甚至放弃执行不合时宜的法律,也包括执法过度,如用红头文件等行政手段的形式强化执法、运动式执法。在他们讨论的选择性执法对象中,许多纯粹属于非生产性的分利行为,如假冒伪劣,偷税漏税,虚假信息披露等;许多在现在看来则纯粹是生产性的增进社会福利的行为,如雇工超过八人,投机倒把,股票融资等;有的则兼具两者,如国有企业和集体企业的 MBO 产权改革。笔者主要关注那些生产性寻利为主的“违法”行为,把这类行为主体统称为制度企业家。

经济学长期以来把企业家当做与土地、资本和劳动力同样重要的一种生产要素，主要从生产组织协调等角度论述其职能。其中，熊彼特（1934）把企业家的职能概括为引进新产品、引入新的生产方式、开辟新市场、获取新原料和建立新组织结构的一个创造性破坏过程无疑是影响最大的。后来，奈特（1921）又从风险承担，Casson（1982）从信息的主观性和企业家判断，Kirzner（1973，1997）更一般地从企业家的盈利警觉出发来讨论企业家为何与众不同。Baumol（1990）对世界历史的考察，Murphy、Shleifer 和 Vishny（1991）从人力资本配置的角度则发现了企业家的另一面，制度背景决定的报酬结构不同，企业家的行为也将不同，企业家不仅可能从事生产性的创造工作，他们还可能从事非生产性的破坏工作，从事寻租交易，对社会财富造成极大的破坏。所有这些讨论都集中在既定的制度背景下对市场盈利机会的敏感和把握，戴维斯和诺斯（1970）则试图跳出上述框架，认为企业家不仅仅包括熊彼特型的市场创新者，还应该包括那些敢于做出制度创新的人。

但是，戴维斯和诺斯（1970）只是把熊彼特的企业家理论简单地应用到制度创新的初级行动团体。他们没有注意到的是，与传统的市场型企业家在不确定的竞争市场中成败参半一样，制度企业家同样可能遭遇成功和失败。市场型企业家的失败表现为竞争的失败，个人的破产；制度企业家作为原有制度的“叛逆者”，则很可能遭到原有制度的惩罚。如果制度企业家挑战的是既有法律，那么他们就是“违法者”，这正是我们国家转型时期的尴尬。一方面需要有人突破原有的法律、体制窠臼以改革创新，另一方面为了保持社会稳定发展，政府又不能对这种藐视既有法律的现象不闻不问，因此只能通过选择性执法来实现上述相互冲突目标的平衡。

面对选择性执法带来的不确定执法环境，不确定的未来，企业家自己并不能把握创新的结局。对于市场型企业家，由他自己承担创新的风险，获得可正可负的利润，构成了对其行为的很好激励。然而制度是一种公共物品，改变它具有极大的外部性，对于制度型企业家，特别是挑战国家既有法律的企业家，并不能完全获得制度创新带来的全部收益；同时，考虑到不为既存制度所接受的“违法”行为的负外部性，对违法者的惩罚也可能大于违法给他带来的直接收益。因此，外部性的存在可能造成其创新行为的过多或过少。

“改变管制规则有横财可发”（周其仁，2000；戴维斯和诺斯，1970）。在一个法治比较完善的国家，制度企业家可以通过合法的诉讼改变既有的规则。而处于转型时期的中国，通过合法的诉讼，申诉自己的“自然”权利来改变规则，基本上是不可能的，所以，他们往往只能通过非法行为突破禁区，谋求改变规则的巨大获利机会。因此，转型时期的制度企业家大多选择了无视既有法律，抢得先动优势，同时为了不在选择性执法中成为被惩罚的不幸对象，他们所作的各种努力常常也滋生着腐败。

笔者将证明，为了获得改变既有规则所带来的巨大福利改进和增长空间，政府在不具有改革路径和后果的充分信息，无法准确地把握未来的局限条件下，不得不“摸着石头过河”，对制度企业家的违法行为采取选择性执法的“暧昧”态度。一方面不拘泥于既有法律，以致扼杀可能的改革创新，①另一方面又不得不因时因势惩罚部分敢于触犯法律的企业家，特别是那些严重扰乱了政府长期维持的社会秩序的行为，以保持社会的政治经济稳定，保证改革的

① 事实上，德·索托（2000）考察表明，是否给予某些非法活动以合法承认是美国西进运动成功的关键，也是许多“二战”后发展中国家经济发展失败的原因。

社会主义方向。

尽管所有人都注意到中国的改革是从小岗村的“违法”开始的,它几乎为后来进一步改革创新确立了“违法”的基调,但最后真正能够生存下来,获得改革先锋殊荣的制度企业家,不仅需要拥有对盈利的警觉,还需要对政府的支付函数,选择性执法的态度,政治的环境和动向有更好的理解。这主要表现在同样的违法活动,不同的时间、不同的地点可能会遭遇政府完全不同的态度。因此,如果不是通过腐败以避免成为选择性执法的惩罚对象,制度企业家就必须判断突破禁区进行制度创新的最佳时机。先动优势意味着极大的利润空间,同时也伴随着极大的被法律制裁的风险,制度企业家必须在这两者之间权衡,把握进入时机。不具有政治敏感或无法承受这种风险的人,就必须等到政府态度明朗,甚至已经完全合法以后才加入到这种活动中来,但此时由制度变革带来的利润空间已不存在,能够盈利的将是熊彼特意义上的市场型企业家。

6.2　Shavell 的收益不完全信息模型

由 Becker(1968)、Stigler(1970)、Becker 和 Stigler(1974)开创的最优执法理论传统往往没有注意到一个影响分析结论的因素是收益或损害的第三方可观察性。Shavell(1987)发现:如果收益或损害都可为法庭观察,惩罚实际上永远不会被真正实施;正是收益不可观察,导致了惩罚必须建立在经过执法概率调整后的可观察的损害上。

假设违法者收益为 b,造成的损害为 h,其上限分别为 B、H;面临的可能惩罚概率为 p,惩罚为 s,惩罚上限为 S,则当且仅当 $b \geqslant ps$,违法者选择违法。如果维持惩罚概率 p 引致的成本为 $c(p)$,实施

惩罚 s 的成本参数为 σ,b 和 h 的联合密度函数为 $f(b,h)$,执法者力图最大化社会福利,则社会福利函数为:

$$\text{Max}: \iint (b - h - p\sigma s) f(b,h)\, db dh - c(p) \tag{1}$$

如果执法者能够观察到 b 和 h,则当 $b>h$,它是对社会有利的行为,不应当惩罚。当 $b<h$,这种行为对社会是不利的,应当加以威慑,只要设惩罚为 $\frac{b}{p}$ 即可,在完全信息下人们不会实施该行为。但由于惩罚上限为 S,如果同时存在 $b>pS$,这种行为是无法被威慑的,而实施惩罚有成本,因此,对这种即使是有害的行为最佳惩罚也为零。

如果执法者能够观察到损害 h,但无法观察到违法收益 b,不完全信息参数为 r,r 增加表示条件密度函数 $f(b \mid r,h)$ 右移,即 $\text{Prob}(b \geqslant x \mid r,h)$ 增加,$0 \leqslant r \leqslant R$。这时最佳惩罚不再是 b 和 h 的函数,而是 r 和 h 的函数。执法者最大化以下社会福利函数:

$$\text{Max}: \int_0^H \int_0^R \int_{ps}^B (b - h - p\sigma s) f(b \mid r,h) f(r \mid h) f(h)\, db dr dh - c(p) \tag{2}$$

分别对 s 和 p 求导可得最佳的惩罚组合。① 这时,被惩罚的行为将既包括那些对社会有利的行为,也包括对社会不利的行为;既包括那些能够被威慑的行为,也包括那些无法被威慑的行为。s 将随着 h 的增加而增加,同时由于 s 受到 $f(b \mid r,h)$ 的影响,所以 r 是有价值的。

不过,Shavell 没有注意到的是还可能存在损害不可观察,收益

① 这个模型比较特殊,要得最优条件只需要对最里面那重积分求导就可等价地得到。最后将最优条件作为隐函数对 h 和 p 求导可以得出 s 与它们之间的关系。

可观察以及损害和收益都不可观察的情况，更没有发现还可能存在随机性执法以外的根据情势不同的选择性执法，以及收益和损害是否可观察与选择性执法之间的关系，以下将对此展开讨论。

6.3 不完全信息与选择性执法

与最优执法的理论传统不同的是，在选择性执法中，惩罚概率与发现概率实际上可以分离，因为我们讨论的是制度企业家市场经营活动的违法行为，经营通常长期持续地进行，所以，违法不是一次性行为，而是持续行为，故其被发现的概率为 1，且不需要花费任何成本。因而下文主要分析的是惩罚概率 p 的变化，它是选择性执法的最重要表现形式；另外，由于本章的目的不是讨论最优惩罚应该是多少，因此假定成文法已明确规定相应的惩罚固定为 s，且 $b \leqslant B = s$①。

在 Shavell 的模型中，仅仅区分了违法收益与损害都可观察，损害可观察而收益不可观察两种情况。事实上，另外两种情况，即收益可观察，损害不可观察；收益与损害都不可观察的情况也有可能。对于非市场行为，由于收益大都是一种主观效用，故难以为第三方观察；对于市场行为，尽管收益为货币收入形式，但其可观察性受到交易的对象，交易的形式和交易者是否做出故意的隐藏等因素影响，因此，它既可能表现为可观察，也可能表现为不可观察。至于损害，改革中的许多制度创新现在看来虽然是有利无害的，但在当时的情势下，或者是由于意识形态原因，或者是这类违法活动扰乱了政府长期维持和仰仗的“全国一盘棋”的社会秩序，如果不加以控制，政

① 假定 $B = s$，主要是便于下文模型中积分边界的处理，放开此假设只是使模型稍显复杂，对结论没有实质影响。

府将无法把握改革的整体方向,以及政治经济的稳定局面,所以这时损害 h 对“摸着石头过河”的政府来说可能是清楚的,也可能是不清楚的。所有不完全信息参数类似地都用 r 表示,但模型不同,含义也可能发生相应变化。以下将分这四种情况分别讨论。

第一种情形:违法收益和损害都可观察①

$$\text{Max}: \int_0^H \int_{ps}^s (b - h - p\sigma s) f(b,h)\, db dh \tag{3}$$

则当 $b \geqslant h, p = 0$;当 $b < h, p = 1$。即对社会有利的行为不予惩罚,对社会有害的行为,惩罚概率为 1。这意味着造成相同损害的行为,违法收益大的不会受到惩罚,收益小更可能受到惩罚;或者收益相同的情况下,损害大的将受到惩罚,损害小的不会受到惩罚。对于后者,人们易于接受,而对于前者,人们往往无法接受这种反向歧视性的执法。因此有:

命题 1:如果执法者能够同时观察到违法收益和损害,对社会有利的行为不予惩罚,对社会有害的行为严格执法。那么,有利的制度创新将发生,不利的制度创新将被威慑,惩罚事实上从来不会真正执行。

第二种情形:违法收益不可观察,损害可观察

与 Shavell 模型对应的社会福利函数为:

$$\text{Max}: \int_0^H \int_0^R \int_{ps}^s (b - h - p\sigma s) f(b \mid r, h) f(r \mid h) f(h)\, db dr dh \tag{4}$$

类似地,有:

命题 2:如果执法者仅仅能够观察到损害,将仅仅基于损害实

① 最优执法传统使用社会福利函数主要是规范分析,由于现实中的执法很大程度上符合效率,故在一定程度上它也能实证地解释现有的执法。本书以下论述尽管类似地使用社会福利函数,但这里纯粹是工具主义方法论下的实证分析。

施惩罚，那么

（1）一些制度企业家将受到惩罚，这既包括那些有利于社会的制度创新行为，也包括那些不利于社会的制度创新行为；

（2）一些制度企业家将被威慑，不敢从事有利于社会的制度创新行为；

（3）对于某些损害大于收益上限的行为，即 $h>s$，最佳的惩罚概率将为1；对于某些损害为零的行为，最佳的惩罚概率为零。如果最佳的惩罚概率处于0和1之间，它将由提高惩罚概率所带来的边际成本与提高惩罚概率所带来的边际收益相等处决定。

证明[①]：第（1）、（2）命题是明显的，下面证明第（3）个命题。

当 $0<p<1$，决定 $p^*(r,h)$ 的一阶条件必须最大化下式

$$\int_{ps}^{s}(b-h-p\sigma s)f(b\mid r,h)\,db \tag{5}$$

（5）式对 p 求导，得：

$$-s\sigma \mathrm{Prob}(b\geqslant ps\mid r,h)-s(ps-p\sigma s-h)f(ps\mid r,h)=0 \tag{6}$$

或者 $s\sigma \mathrm{Prob}(b\geqslant ps\mid r,h)=s(h+p\sigma s-ps)f(ps\mid r,h)$ （7）

（7）式左边是提高惩罚概率导致的边际成本，即提高惩罚概率导致的每单位期望边际社会成本 $s\sigma$ 乘以参与违法的条件概率，右边是提高惩罚概率所带来的边际收益，即被威慑主体的期望收益乘以这些主体的增加率。

令 $y=-s\sigma \mathrm{Prob}(b\geqslant ps\mid r,h)-s(ps-p\sigma s-h)f(ps\mid r,h)$，并假定 h 的改变不影响条件密度函数的变化，r 的变化则导致条件分布右移，即 $\mathrm{Prob}(b\geqslant ps\mid r,h)$ 随着 r 的增加而增加，由隐函数定理，有：

---

① 以下证明与Shavell（1987）对 s 与 h、r 关系的讨论是对应的。

$$\frac{\partial p^*}{\partial h} = -\frac{\frac{\partial y}{\partial h}}{\frac{\partial y}{\partial p}} = -\frac{sf(ps \mid r,h)}{\frac{\partial y}{\partial p}} > 0 \tag{8}$$

上个公式中，$\frac{\partial y}{\partial p}$实际上是(5)式最大化的二阶条件，故$\frac{\partial y}{\partial p} < 0$。所以惩罚概率 p^* 将随着损害 h 的增加而增加。

又有：

$$\frac{\partial y}{\partial r} = -s\sigma\frac{d\text{Prob}(b \geqslant ps \mid r,h)}{dr} + s(h + p\sigma s - ps)\frac{df(ps \mid r,h)}{dr} \tag{9}$$

由(7)式知，$h + p\sigma s - ps > 0$，如果$\frac{df(ps \mid r,h)}{dr} < 0$，则$\frac{\partial y}{\partial r} < 0$。再次应用隐函数定理，$p^*$ 将随着 r 的增加而减小；而如果$\frac{df(ps \mid r,h)}{dr}$为正并足够大，$p^*$ 可能随着 r 的增加而增加。这种模棱两可来自于惩罚概率的增加导致边际社会惩罚成本提高，而边际社会收益既可能增加也可能减少，它取决于被威慑的制度企业家的密度是增加还是减少。

值得注意的是，这里惩罚概率 p^* 的变化与最优执法传统的讨论完全不同。在最优执法传统那里，发现概率与惩罚概率是一样的，它的变化一方面带来罪犯期望惩罚变化，从而边际行为的决策变化，另一方面带来侦破、逮捕等投入成本变化和期望惩罚如监禁，从而惩罚成本变化，最优条件要求两者之间取得边际上的均衡。而在本书的模型中，惩罚概率与发现概率分离，即对已发现的违法并不一定惩罚，惩罚概率的变化反映的是选择性执法的后果，其大小很大程度上取决于信息的变化。

第三种情形：违法收益可观察，损害不可观察

与前面不同的是，信息参数 r 在这里不再是随机变量，而是表

示意识形态的束缚逐渐解除，或者对计划经济体制下社会秩序冲击可能的危害性，①即随着 r 的增加，期望损害逐渐减少。这里的社会福利函数为：

$$\text{Max}: \int_{ps}^{s} \int_{0}^{H} (b - h - p\sigma s) f(h \mid r, b) f(b)\, dh db \qquad (10)$$

(10)式可进一步简化为：

$$\int_{ps}^{s} (b - E[h \mid r, b] - p\sigma s) f(b)\, db \qquad (11)$$

这时，尽管损害 h 不可观察，但在信息参数 r 已知的情况下，其期望值是已知或可观察的，这就实际上回到了第一种情形，只是这里是违法收益与期望损害而不是实际损害大小的比较。当 $b \geqslant E[h \mid r, b]$，$p = 0$；当 $b < E[h \mid r, b]$，$p = 1$。又由假设 $\frac{\partial E[h \mid r, b]}{\partial r} < 0$，随着时间的推移，$r$ 增加，$E[h \mid r, b]$ 减少直至零，惩罚概率也将减少至零。因此有：

命题 3：如果执法者仅仅能够观察到违法收益，无法观察到损害，则：

(1)如果执法者由于意识形态或者其他原因，如严重冲击了"全国一盘棋"的计划经济体制，恒定地认为该行为是有害的，即 $r = 0, b < h \equiv H$，这时最佳惩罚概率 $p = 1, W = 0$，没有人敢于从事市场型的制度创新，这主要表现在改革初期；

(2)如果思想禁锢解除，或者计划经济体制解体，市场的间接调节秩序已经形成，执法者清楚地发现该行为是有利于社会的，即 $r = R, h \equiv 0$，这时的最佳惩罚概率 $p = 0$，$W = \int_{0}^{s} bf(b)\, db$，制度创新已经得到默认，甚至合法化，所有人，包括制度企业家和模仿者都

① 这种间接的危害是很难估量的。

将从事该市场行为①;

(3)执法者对损害大小不确定,最优的执法将是选择性执法,对那些期望损害大于违法收益的违法行为惩罚概率为1,期望损害小于等于违法收益的行为惩罚概率为0。同样的收益,由于期望损害随着 r 的增加而减少,当 r 超过使收益与期望损害相等的临界值后,惩罚概率不连续地从1变为0。

第四种情形:违法收益和损害都不可观察

与第三种情形一样,假设随着信息参数 r 增加,期望损害减小,但违法收益的分布不变。则社会福利函数为:

$$\text{Max}: \int_{ps}^{s} \int_{0}^{H} (b - h - p\sigma s) f(h \mid r) f(b)\, dh db \tag{12}$$

或者

$$\int_{ps}^{s} (b - E[h \mid r] - p\sigma s) f(b)\, db \tag{13}$$

最大化上式,有:

命题4:如果违法收益和损害都不可观察②

(1)与命题3一样,如果 $r=0, b<h\equiv H$,这时最佳惩罚概率 $p=1, W=0$,没有人敢于制度创新;当 $r=R, h\equiv 0$,这时的最佳惩罚概率 $p=0$, $W=\int_{0}^{s} bf(b)\, db$,制度创新得到默认或合法认可;

(2)除了上述两种极端情况以外,最佳惩罚概率介于0和1之间,它将由提高惩罚概率所带来的边际期望成本与边际期望收益相等处决定,并随着 r 的增加而减少。

证明:当 $0<p<1$,由(13)式对 p 求导,得一阶条件

$$-s\sigma \text{Prob}(b \geq ps) - s(ps - E[h \mid r] - p\sigma s) f(ps) = 0 \tag{14}$$

与对(6)式的讨论类似,令:

---

① 当新法颁布,这种行为得到认可,就不再是选择性执法了。

② 命题4实际上是命题2和命题3的综合。

$y = -s\sigma \text{Prob}(b \geq ps) - s(ps - E[h \mid r] - p\sigma s)f(ps)$，则：

$$\frac{dp^*}{dr} = -\frac{\frac{\partial y}{\partial r}}{\frac{\partial y}{\partial p}} = -\frac{sf(ps)\frac{\partial E[h \mid r]}{\partial r}}{\frac{\partial y}{\partial p}} < 0 \qquad (15)$$

即随着思想的解放，市场秩序的建立，惩罚概率将逐步减小。同样，这里的惩罚概率决定不是由于提高惩罚概率带来执法成本增加，而是由于缺乏信息。

以上讨论暗含着制度企业家风险中性，即只要 $b \geq ps$，他将从事该行为；而对于同样的选择性执法，风险规避的企业家将更容易被威慑，所以，从事“违法”创新的更可能是那些风险偏好的企业家。

在我们的模型中，如果惩罚无须受到成文法的明文限制，不考虑惩罚可能存在的上限，那么，由于在前述模型中 p 和 s 的地位实际是相同的，因此，对选择性执法的另一种情况，即政府可以通过选择性地执行违法主体可能违反的其他法律来加重惩罚或者直接减少惩罚，上述讨论同样适用。①

6.4　模型的扩展

如果不完全信息参数 r 不是共同知识，它为政府所观察，却不为制度企业家所知，但制度企业家知道其分布 $a(r)$。由前面知最佳的 p 为 r 的函数②，则当且仅当 $b \geq s\int_0^1 p(r)a(r)dr = sE[p(r)]$，

---

① 吴晓波(2007、2008)对中国企业家命运的考察中，发现了一种有趣的在转轨时期广泛存在的“法罪错位”的现象，即企业家被制裁的起因与最后被宣判的罪名可能是完全不同的。其中，行贿受贿、偷税漏税是常用的制裁手段，如 327 国债案。

② 本节以下讨论忽略上节 p 与 r 关系的复杂性。

制度企业家参与创新。当 $E[p(r)] > p^*$,由于存在不对称信息,更多的企业家将被阻止;当 $E[p(r)] < p^*$,实际被惩罚的选择性执法概率大于制度企业家的主观概率,这种出乎预料可能使他感到更大的不公正。如果制度企业家对政治环境的敏感不同,有的对 r 估计更准确,有的估计更差,那么估计准确的制度企业家更可能生存下来,而估计更差的要么不敢做出制度创新,要么更可能以悲剧告终。

假定 r 是时间 t 的增函数,即随着时间的推移,政府对行为后果的认识越来越清楚;收益 b 是时间 t 的减函数,即这里存在先动优势,越早突破法律禁区,竞争对手越少,收益越大,但可能面临的惩罚概率也越大,最后面临完全竞争市场,收益为零。则制度企业家的进入时机由下式决定:

$$\text{Max}: \int_t^{\infty} \{b(\tau) - p[r(\tau)]s\} e^{-\rho(\tau-t)} d\tau \tag{16}$$

如果最大值存在,则对 t 求导,得:

$$
\begin{aligned}
&-\{b(t) - p[r(t)]s\} + \rho \int_t^{\infty} \{b(\tau) - p[r(\tau)]s\} e^{-\rho(\tau-t)} d\tau \\
&= -\{b(t) - p[r(t)]s\} - \int_t^{\infty} \{b(\tau) - p[r(\tau)]s\} de^{-\rho(\tau-t)} \\
&= -\{b(t) - p[r(t)]s\} - [e^{-\rho(\tau-t)} \{b(\tau) - p[r(\tau)]s\}]_t^{\infty} \\
&\quad + \int_t^{\infty} e^{-\rho(\tau-t)} d\{b(\tau) - p[r(\tau)]s\} \\
&= \int_t^{\infty} e^{-\rho(\tau-t)} d\{b(\tau) - p[r(\tau)]s\} \\
&= \int_t^{\infty} b'(\tau) e^{-\rho(\tau-t)} d\tau - \int_t^{\infty} p'(r) r'(\tau) s e^{-\rho(\tau-t)} d\tau \\
&= 0
\end{aligned}
$$

或者:

$$\int_t^{\infty} b'(\tau) e^{-\rho(\tau-t)} d\tau = \int_t^{\infty} p'(r) r'(\tau) s e^{-\rho(\tau-t)} d\tau \tag{17}$$

即制度企业家的最佳进入时机在边际违法收益现值加总与边

际期望惩罚现值加总相等的那一点。①

考虑到地方政府与中央政府之间目标的差别,中央政府以最大化社会福利为目标,地方政府为了在晋升锦标赛中获胜(周黎安,2006、2007),地方政府事实上已经成为制度企业家,前面的模型也就能够同时包容这种情况。改革过程中,有的地方政府严格执行中央颁布的法律和政策,有的地方政府则选择性地执行,追究起来,后者应该算是渎职。但由于中央政府根据情势变化选择性地执行自己颁布的法令政策以最大化社会福利,更多的是以各地经济发展作为考核指标,这样,"渎职"的地方官员相比严格守法的官员可能在锦标赛中有更多的机会获胜。事实上,很多地方的制度创新没有地方官员的庇护是不可能的,甚至制度创新本身就是由地方官员发起或倡导的。最典型的如建设义乌小商品市场的谢高华,掀起山东诸城国有企业改革的陈光(吴晓波,2007)。

正如 Baumol(1990)与 Murphy、Shleifer 和 Vishny(1991)所讨论的那样,企业家不仅可以通过生产性的制度创新获利,也可以通过非生产性的寻租获利。前述模型只是讨论了中央政府为了最大化社会福利,根据情势不同而选择性执法的同时,为企业家进行"违法的"制度创新创造了空间的一面,事实上,当它把这个选择性执行的权力授权(默许)给下级政府或代理人时,也就同时为腐败创造了机会。更多的情况是,"违法的"制度企业家为谋取个人利益进行制度创新,增进了社会福利,但为了不遭到执法代理人的惩罚,可能不得不也加入到行贿受贿的行列中。这就使人们很难对那些幸存下来,背着"原罪"包袱的制度企业家致以敬意。因此,制

① 充分条件要求 $\int_t^{\infty}\{b''(\tau)-[p''(r')^2+p'r'']s\}e^{-\rho(\tau-t)}d\tau<0$。

度企业家在选择性执法背景下并不是要么作为,要么不作为。考虑到腐败以后的惩罚概率可能受到制度企业家与执法代理人之间的交易影响,即这时惩罚概率 p 不仅是 r 的函数,还是腐败投入(贿赂)π 的函数。假设保留收入为零,制度企业家愿意投入的最大贿赂为 b,在 r 既定的情况下,如果 b 相同,寻租竞争将导致 π 完全取代甚至超过福利最大化动机下选择性执法的期望惩罚 ps 的作用(McCormick,Tollison,1979);如果 b 对各个制度企业家是不同的,执法代理人作为一个垄断者在完全信息下进行完全歧视性定价,在不完全信息下只能以 b 的期望值定价,以获得最大腐败收入。这时,均衡的结果是只有当腐败的执法代理人不拥有制度企业家违法收益的信息时,制度企业家才可能从制度创新中获益。最后,还有一种情况是执法代理人本身成为制度企业家,利用执法权力惩罚所有其他的创新者,完全排他性地占有制度创新可能带来的收益。这时违法获利的机会是不均等的,法律实际上为少数人非法获利创造了条件,大部分人则没有机会抓住这种“历史机遇”。

6.5 结　语

改革本质上就是改变已有的制度,包括法律、规章制度,或者说已有的规则。这种改革,或是自上而下的强致性变迁,或是自下而上的诱致性变迁。自上而下的变迁,如果是改变法律、法规,这种方式一般性地理解为不存在选择性执法问题;但如果上位法还没有变动,而形成并执行与上位法冲突的下位法及政策(红头文件),也就是本章所说的选择性执法。自下而上(普通公民、集体、下级政府)的改革,意味着违反既存法律、法规。这时,是否执法(惩罚)依存于执法者个人、某一级组织的判断。不同地区、不同个人或不同执法机构判断不同,违法者拥有免予受罚的资源禀赋不同,违法获利的机会也就不均等。大量守法公民失去了机会,很多违法者受到了惩罚,但也有不少违法者成了“制度企业家”并获得了利益,这也就是人们说的“原罪”问题。

如果承认既存制度及相应的法律体系是合理的,意味着所有既存法律法规都要执行,并不存在或不应该有(我们所说的)选择执法。不认真执法,执法者需承担相应失职的责任。“摸着石头过河”,意味着中央并没有给出一个合理的、必须执行的法律、法规,而是授权(默许)下级执法者选择性执法。如果说最高层选择性执法是出于“社会福利”,但下面就完全可以通过选择性执法为自己谋求利益,这可能导致普遍的腐败机会。因此,选择性执法为制度创新和腐败两种活动都提供了可能,为基于公益的执法者和基于私利谋求非法利益的执法者都提供了空间。

7. 选择性执法及其改革*

中国作为渐进式改革成功的典型，国内外有很多关于其经济转轨的讨论。现在的一致意见是由于地方性知识的分散拥有和分散决策要求的激励因素，①更现代的说法是合同的不完全，②导致了计划经济的失败；同样地，它也导致了“华盛顿共识”下激进式制度变革试验的失败。③ 相比而言，学者对法治转轨关注较少，尽管已有学者注意到俄罗斯在激进式改

---

* 本章内容发表于《法学研究》2008 年第 4 期，原文标题为《选择性执法》。

① Hayek, F. A., 1945, "The Use of Knowledge in Society", *American Economic Review*, 35: pp. 519 – 530.

② Hart, O., A. Shleifer and R. Vishny., 1997, "The Proper Scope of Government: Theory and an Application to Prisons", *Quarterly Journal of Economics*, 112: pp. 1127 – 1161.

③ 详见[比]热若尔·罗兰著：《转型与经济学》，张帆、潘佐红译，北京大学出版社 2002 年版，第 306 ~ 318 页。

革中所表现出来的政府孱弱，执法腐败，以及社会秩序混乱引发黑社会的竞争性兴起。① 人们通常把中国作为一个法治不健全下经济取得巨大成功的例外，众所周知的事实是，许多企业的发展壮大都是在法律缺失或者非法，甚至违法状态下发生的，②现有的讨论要么把它归结于财政分权下地方政府的庇护，要么把它归结于中国特色的趋于合作的东亚文明和儒家文化。③ 也就是说，人们不是没有注意到转轨国家立法、执法中存在的种种问题，向法治转轨中可能遇到的困难，④但很少有学者从中国的经验事实出发，讨论总结法治转轨的路径选择。

改革开放以前我们主要以自上而下的行政命令来协调执行国家单一的"赶超战略"，⑤这时任何法律事实上都成为实现这一战略的障碍；而当我们试图抛弃原有的资源配置机制，但又不知道如何建立，甚至建立什么样新的资源配置机制的时候，如何在打破既有制度的同时维持社会政治经济的稳定，是政府必须面临并加以解决的问题。

由于改革作为一个制度大变动的过程，已有的任何理论都难

---

① Hay, Jonathan R. and Shleifer, Andrei, 1998, "Private Enforcement of Public Laws: A Theory of Legal Reform", *American Economic Review*, 88: pp. 398 – 403.

② 参见卢锋、姚洋：《金融压抑下的法治、金融发展和经济增长》，载《中国社会科学》2004 年第 1 期。

③ Weitzman, Martin and Chenggang Xu. 1984, "Chinese Township Village Enterprises as Vaguely Defined Cooperatives", *Journal of Comparative Economics*, 18: pp. 121 – 145.

④ 参见[美]约瑟夫·斯蒂格利茨、卡拉·霍夫：《大爆炸之后：后共产主义社会法治形成的障碍》，载吴敬琏主编：《比较》第 17 辑，中信出版社 2005 年版，第 117 ~ 133 页。

⑤ 参见林毅夫、蔡昉、李周著：《中国的奇迹：发展战略与经济改革》，上海三联书店、上海人民出版社 1999 年版。

以对其做出有效的指导,因此,我们只能"摸着石头过河"。一方面试图获得突破原有制度,包括法律窠臼的利益;另一方面这种突破又往往表现为对既有法律的违反,这时执法者常常采取一种暧昧态度"允许试"。但当这些违法创新严重扰乱了政府长期以来维持建立的社会政治经济秩序,在媒体报道,社会舆论压力,特别是宏观经济形势严峻的时候,执法者就不得不对其中部分违法者加以严惩,当正常法律程序也不足以迅速到达期望效果时,行政干预执法的方式也可能出现,如领导批示、红头文件等;而形势一旦发生变化,执法者又会重新选择"枉法",甚至鼓励这种违法创新。执法者的这种根据情势不同而采取不同执法力度和方式的执法策略可以被称为选择性执法。

同时,对于许多后果不随情势变化而变化的行为,如普通的财产、合同、侵权和刑事案件,依法治理,以给人们一个较为确定的预期,利用分散的多中心的信息优势决策配置资源通常是一个好的选择。因此,执法者不同情况区别对待的执法策略实际上形成了与"价格双轨制"媲美的另一种景观的"双轨制"。如果把这种"双轨制"看做是一种信息甄别机制,那么敢于以身试法的不仅是那些违法收益大于预期违法成本,或者风险偏好的人,而且更是那些对政府偏好、支付函数、政治经济形势变化判断更准确的人,或者拥有各种资源禀赋能够免受选择性执法惩罚的人。

笔者认为,执法者的上述策略,特别是时而枉法,时而严格执法很大程度上就是中国渐进式法治转轨的路径特征。戴治勇和杨晓维一般性地说明转轨时期的中国执法除了要考虑直接执法成本和直接损害以外,还要考虑到间接执法成本和间接损害的影响,由此证明现实中的执法为什么常常具有选择性,即国家"根据事后情势需要选择什么时候严格执行哪部法律,采取什么执法手段,什么时候放松哪部法律的执行,什么时候严格执行哪个具体的案件,采取什么执法手段,什么时候对哪个案件执行特别对待等等”,这里面既有执法不严,也有执法过度,甚至行政手段代替或干预法律程序。① 这种执法方式与 Becker、Stigler 开创的最优执法理论传统所解释的执法模式完全不同,其根本差别在于最优执法是一种被动执法,执法表现为在执法成本约束下的随机性特征,②而我们目前的执法很大程度上是一种主动执法,执法表现为社会政治稳定、经济增长目标优先下的非随机性,它常常以不执法(枉法)、运动式执法为特征。

选择性执法作为法治转轨过程中政府的一种策略选择,其优势会随着时间的变化而变化。笔者以下拟分析这种策略实施所带来的影响,特别是它对执法体制的要求,对执法代理人、违法者等当事各方预期的影响等,最后讨论这种执法方式在新形势下可能的改革方向。

7.1 选择性执法的实施

假设国家力图相机抉择,以最小化其面临的总成本,包括直接和间接的执法成本和损害,只是分析了选择性执法的由来,更完整的分析还需要包括这种执法在现实中的具体实现机制。毕竟,执法

---

① 参见戴治勇、杨晓维:《间接执法成本、间接损害与选择性执法》,载《经济研究》2006 年第 9 期。

② Becker, Gary S., 1968, “Crime and Punishment: An Economic Approach”, *Journal of Political Economy*, 76: pp. 169 – 217; Becker, Gary S. and George J. Stigler, 1974, “Law Enforcement, Malfeasance and Compensation of Enforcement”, *Journal of Legal Studies*, 3: pp. 1 – 18; Stigler, George J., 1970, “The Optimum Enforcement of Law”, *Journal of Political Economy*, 78: pp. 526 – 536.

最终是靠具体的法官或行政(管制)官员等执法代理人来实现的。

由于民法是“民不举,官不究”,诉讼的提起由受害者决定,对于政府而言,执法的灵活性就相对难以获得。当然,国家可以直接或间接干预司法,甚至通过选择案件的接受与否来达到目的,如对虚假信息披露的民事赔偿问题,2001 年的“406 号通知”认为,民事赔偿条件尚不具备,三个月后的“1 · 15”通知则宣布敞开索赔大门。① 但法院这种直接的反复无常副作用太大,很少采用。而且民法主要涉及的是直接损害,选择性执法的必要性也就相对少见。因此,选择性执法更多地表现在公法系统,如果我们把刑法、行政法等法规都包括在公法内的话,公法的诉讼或管制的发起,执行强化、弱化可以由国家控制的检察机关、管制机构来决定,其中尤以管制的松紧变化为最。刑事犯罪的选择性执法只有涉及影响较大、受害者众多的犯罪集团,或者因为信息传播导致人们对某个特定案件的广泛关注,甚至普遍的担忧或恐慌才可能产生;而一条管制法规的实施由于牵涉到众多主体,而且更重要的是,管制行为的产生本身不仅来自一般的准入限制,还来自被管制行为可能导致巨额损害,损害者财富有限无力赔偿的事实,因此,一旦被管制行为在特定时期可能或已经引起损害,受害者数量通常都比较大,而且一般难以得到足够的补偿,比如产品责任、交通法规、民间集资、类似小煤窑安全的高危行业事故等,由此造成的间接损害就很大,故这类案件的选择性执法也就尤其频繁。

上述分析一方面可以解释选择性执法在各个法律领域执行的严厉、频繁程度并不相同,另一方面也可以从这个角度分析中国目前的执法体制,因为执法体制是为国家的执法模式服务的,这就为

① 参见张海波著:《中国股市大索赔》,广东经济出版社 2002 年版,第 67 页。

解释中国现有的执法体制找到一个新的视角。

法学家强调法律在形成良好社会秩序中的必要作用，经济学家则更重视"看不见的手"，他们发现许多纠纷解决并不是通过法律途径、重复博弈以及商人团体中间建立起来的声誉和除法律以外的其他第三方实施，如家长、一体化组织、行业协会，甚至犯罪集团等等，往往起了更加重要的作用。① 法律途径与非法律途径的根本区别在于法律途径是非人格化的，而非法律途径则是人格化的。人格化的解决方式需要长期关系的维持，但改革开放以前的计划经济把人们之间的交易关系简化为自上而下的命令和安排，长期关系在其中丝毫不起作用，这也就替代甚至摧毁了除政府主导以外的几乎所有其他纠纷解决机制，特别是那些血缘、地缘关系以外的交易纠纷解决机制，这些机制的长期性质决定了它们不是短时间能够建立起来的，而改革开放以后新建立的正统司法途径的高昂诉讼费用和较低的司法裁决执行比例，又使处于血缘、地缘关系以外的纠纷各方一般不愿选择法律纠纷解决方式，而对于家族邻里关系以内的纠纷，法律的纠纷解决方式很可能在一定程度上对其长期关系构成伤害。在这种背景下，真正主导人们匿名交易中的行为选择或影响人们预期的主要是政府主导的各种各样的政策法规，而且主要是由各级政府颁布，行政官员实施的各种管制性法规，这些法规的作用通过政府的选择性执法在日常生活中得到体现。因此，一方面是其他纠纷解决机制的失灵甚至缺失，一方面是灵活性的需要，管制性法规相比其他法律在社会、经济生活中起到了更加重要的作用，相应地，其实施对行政部门的要求则强化了它在执法体制中更重要的角色。

---

① Barzel, Y., 2002, *A theory of the state*, Cambridge University Press.

传统经济学把管制无非归结于信息不对称、外部性或一些反竞争行为,Shavell 分析了管制相对于法庭和其他干预方式的相对优势,[1]而我国的经济学家则把目前管制的泛滥视作国家维护行政垄断的工具,[2]所有的理论都没有注意到的是管制作为一种执法方式相比其他方式具有更加灵活的特征,也就符合对灵活性渴求更大的国家。而灵活性的需求来自环境变动的频繁与否,“当状态有限且能够准确预见,即在确定性世界中,契约或法律等制度是完美的,不需要灵活性;当世界变化无端,不确定性极大时,灵活性的重要可能使任何事先的制度约束都成为障碍。现实中大部分情况介于两者之间。一方面是不确定世界,另一方面很多情形也是可以事先预知,或者至少是有规律可循的,因此,是可以在经验中加以总结并制度化的。但这种制度化在事后环境改变较大时又可能遭到挑战,这时制度的制定者和执行者面临两种选择,一种是废除旧制度,建立新制度,一种是选择性执行旧制度,两种选择都是有成本的。当制度改变的成本过高(不仅包括制度废除、重新建立通过的成本,还包括它朝令夕改带来预期混乱的成本,人们对它是否过时的判断需要时间等),选择性执行旧制度就成为次优解”。[3] 我国当前的转型时期是一个制度大变动时期,与市场上其他固有的不确定性一起使许多政策、制度后果、行为决策后果难以预期,由此增加了对灵活性的需要,也就需要更加灵活的执法体制。

---

① Shavell, Steven, 1993, “The Optimal Structure of Law Enforcement”, *Journal of Law and Economics*, pp. 255 – 287.

② 参见张维迎:《关于管制和放松管制的系列谈话录》,载《21 世纪经济报道》2001 年 4 月 9 日。

③ 参见戴治勇、杨晓维:《间接执法成本、间接损害与选择性执法》,载《经济研究》2006 年第 9 期,第 100 ~ 101 页。

如果把国家或政府看作选择性执法的委托人，那么所有具体执法者都是其代理人。① 代理人在什么约束条件下会服从国家的选择，而不是刻板地遵从既定的法律条文或程序呢？经济学假设所有人都在既定约束下最大化自己的利益，无论是公众想象中“铁面无私”的法官，还是贪污渎职的管制者、行政官员，都是如此，因此，解释人的行为变化也就转化为考察其约束条件的变化。法律经济学对法官的行为做了很多研究，大致的结论是：法官同样是财富最大化者，会对薪酬变化作出反应。只有当薪酬、任期不因其判案发生变化，声誉、同行的评价对其的非货币效用更加重要时，法官的公正、勤勉才能得到解释。② 同样，对于固定薪酬的管制者，其执法相对于被管制者的巨大价值，相对于管制者的零价值和高昂的监督费用一起有助于解释其渎职、腐败的频繁。如果把执法代理人的行为变化简化为受到来自声誉的非货币收益、来自政府的货币和非货币激励（包括直接的货币激励和间接的晋升制度引起的控制权激励），执法努力给执法代理人带来的负效用三个变量的影响，那么，在其他两个变量不变的情况下，当来自政府的货币和非货币激励变化很大的情况下，执法代理人的行为实际上就被高度政治化了③。这在对管制者的激励中表现尤其明显。

在我国，其实不仅管制者行为受到国家影响，那些本被设计为相对独立的法官同样如此。对他们，来自政府的货币和非货币激

---

① 出于本章分析的目的，与一般的社会契约论不同，这里没有把民众看作最终的委托人。

② 详见[美]理查德·A. 波斯纳著：《正义/司法的经济学》，苏力译，中国政法大学出版社 2002 年版，第 47～106 页。

③ Glaseser, J. and Shleifer, A., 2001, “Coase Versus the Coasians”, *Quarterly Journal of Economics*, pp. 853－899.

励原本应该固定不变,但这却并非目前现实。国内法学界对司法独立讨论很多,但已有的讨论都忽视了国家对灵活性的需要要求法官行为也要在一定程度上受到政府节制,毕竟案件的最终裁决最后大都要经过法院宣判这一程序。我国目前无论法院体制还是法官任命、薪酬、福利等,无一不受政府掣肘。当然,相对于行政管制官员来说,法院的独立性仍然较大一些。所以,离开灵活性来抽象地讨论司法独立是现有研究的不足。

因此,选择性执法要求对执法代理人的激励更多地来自决定执法方式和强弱的国家。更详尽的分析还可以把国家分为中央政府和地方政府,中央政府利用政府的这种层级组织为选择性执法服务,而地方政府在中央政府安排的这种层级组织中展开职位晋升的锦标赛博弈。① 这种晋升制度激励一方面有利于自上而下的选择性执法的实施;另一方面,在中央政府面临的监督费用不为零的情况下,一票否决制的连带责任则可能使地方政府对许多间接损害较大的案件隐而不报,"内部"处理,而以经济绩效为基础的锦标赛安排在使地方政府为了各自地方经济增长可能偏袒地方企业的同时,拒绝执行那些带来间接执法成本,阻碍经济增长的法律往往又成为进一步改革创新的源泉。

7.2 选择性执法的后果

法律经济学把法律视作改变人们行为决策面临的成本收益,

---

① 参见周黎安:《晋升博弈中政府官员的激励与合作——兼论我国地方保护主义和重复建设问题长期存在的原因》,载《经济研究》2004 年第 6 期;《中国地方官员的晋升锦标赛模式研究》,载《经济研究》2007 年第 7 期。

从而调整人们预期，将外部性内部化的制度安排。这种看法对法律经济分析的繁荣无疑具有革命性的作用，但是，由于忽视了选择性执法的存在，他们只是把执法等同于执法成本约束下的随机性执法。在这种视角下，真正实施违法的是那些违法收益较高或者对执法概率、制裁成本低估的主体，①也就是说，个体收益的差异与法律制裁的划一，以及信息费用是违法的根源。由于信息费用导致制裁的概率性施加实际上给个体带来了一种风险，虽然罚款、惩罚不能求助于第三方保险，但对于企业而言，把其视作折旧一样的固定支出，即自我保险仍是可能的，但是，选择性执法给个体带来的影响则有很大不同。

当然，选择性执法并不是完全不可预期的，其可预期性因选择性执法的不同而不同。比如对不合时宜法律的执法弱化乃至放弃，每年年关对食品安全、交通安全等的管制已经形成周期性强化，所有参与主体因此都将相应调低或调高对执法概率、制裁力度的预期，从而违法数量将相应发生波动性调整，尽管违法收益从而违法需求的周期性增加可能起到一定的抵消作用。

而对由于突发事件、政府高层官员的某个讲话或决定引起的执法风暴，则是完全不可预期的。突发事件包括媒体、网络对该事件的曝光，群体性事件，国外的压力，高层官员因政绩或其他原因对某类案件的突然重视等。前述分析表明，当执法者受到来自政府激励的强烈影响时，执法实际上已经高度政治化了，我国现有的执法代理人完全或部分（对法官而言）处于这种官僚体系之中，因此，高层官员的决定直接影响到金字塔各个层级官员的利益，从而

① 类似于商品买卖中发生购买行为的是那些消费者剩余大于等于零的消费者。

不时掀起某种自上而下的执法风暴。由于这种执法风暴完全不可预期,其引致的损失不但无法进行第三方保险,自我保险也不可能。对于那些以盈利为目的的企业,选择性执法对其强加了除市场风险以外的执法风险。与许多政策朝令夕改带来的风险一样,这往往带来众多企业,特别是那些抗风险能力较弱的中小企业的意外破产。不仅如此,执法风险与其他风险最大的不同在于它并不仅仅表现为罚款或货币的损失,还可能表现为其运营资格的直接取缔,而这是任何企业,无论其抗风险能力如何,都无法抵御的。①

由于法律法规众多,几乎所有主体都随时处于这种选择性执法的笼罩之下,②对那些于社会有害的违法行为,如走私贩毒的犯罪集团而言,这可能形成随机性执法威慑以外的又一股威慑力量;但同时,对那些以盈利为目的的企业,由于这种风险时刻危及其生存空间,势必严重削弱它们事前的投资激励。③

另一方面,改革开放以来的许多制度创新都是从"违法"开始的,但是这些创新者,或者说制度企业家们的命运却各个不同,因为特定时期的政策调整使有的人被定罪判刑进了监狱,有的人却利用先动优势成为戴着无数光环的改革先锋,但大部分人却因为遵纪守法失去了致富的好机会。而且这种差异不仅仅表现在单个制度企业家身上,地方政府之间的竞争同样如此。沿海省市利用

---

① 详见吴晓波著:《激荡三十年》(上卷),中信出版社、浙江人民出版社2007年版。作者在书中对20世纪80年代几次宏观调控中,政府运用选择性执法造成民营企业和民营企业家沉浮的描述,如年广久、柳市八大王等。

② 对于企业而言,税收执法、商业腐败往往是选择性执法的重要工具。

③ 特别是在改革开放初期,在当时的法律制度背景下,其收入来源即使不是官方禁止的黑市,也可能处于灰色领域,这种涉嫌违法带来的不稳定预期导致很多人选择将资金移转国外,从而造成大量资本流失。

法律漏洞,或者对各种“违法”现象放任不管,内地政府则坚决执行中央政府的决策,结果却是当这种创新得到承认时,沿海省市已经占得先机。这种巨大的落差在使人们心理不平衡的同时,也开始怀疑整个法律制度的公信力。这种怀疑最后往往演变为寻租竞争,对于那些改革先锋,选择性执法甚至成为一种可兹利用的有效的排他性手段;地方政府在这种执法中并不一定被认为是懈怠而遭惩罚,却可能因为这种“袒护”而在晋升博弈中获胜。

选择性执法不仅影响到当事人的决策,而且对执法代理人本身的行为,执法制度的改革也有重大影响。在前文对实施机制的分析中,笔者已经分析了选择性执法在国家执法体系构建中的重要作用,这种对灵活性的需求,从而选择性执法的依赖必定还会对我国将来执法体系的改革产生重大影响。如果我们的最终目标是建立一个司法独立,对政府权力构成有效约束的法治社会,它的阻碍作用将是明显的。对于执法代理人,由于其面临的制度约束要求他对政府激励作出反应,这种对上级激励的依赖会削弱其珍视个人声誉的非货币收益,从而减少他对声誉的投资。而且在这种自上而下的执法风暴中,由于信息费用的原因,上级并不了解各地实际的违法情况,因此,上级对执法效果的考察更可能不是以各地实际的守法状态或秩序作为考核标准,而是以执法者具体处理了多少案件为标准。也就是说,在执法风暴中,办案数量更可能成为层层考核指标,面对这种指标压力的具体执法官员,在相对于办案指标,违法违规者来源充足的情况下,具体受罚的不仅可能是那些更容易暴露或执法成本低的个体,而且考虑到执法者与被执法者之间的串谋,受罚的更可能是那些没有与执法者建立长期“互惠”关系的主体,另外,执法风暴也可能给执法者索贿增加了筹码;而相对于办案指标,在执法成本约束,可罚主体较少的情况下,也就是说,治安环境较好的地区,执法者甚至可能直接圈定(framing)某些个体或企业作为“替罪羊”,毕竟,如前所述,在众多的法律法规面前,所有的个体如果没有违反这个法规,也可能违反了其他法律,这种执法必将扭曲掀起执法风暴者的运动式执法初衷,也使企业将过多的精力投资在与执法代理人的关系的维持上。①

最后,与一般性的管制一样,选择性执法让人们怀疑法律公信力的同时,也带来作为消费者的普通百姓对政府干预的依赖,从而导致企业声誉的下降和投资收益的减少,这又必将削弱市场上声誉机制的正常发挥。进一步说,选择性执法这种权宜之策的直接而方便的后果是可见的,间接且影响深远的后果却是未知的,而它正是哈耶克反复强调并担忧的②。

7.3 选择性执法的转变

如前所述,选择性执法是由于国家试图获得灵活性引起,灵活性的重要性决定于环境变化的频繁与否,是否可预期。目前的改革在我国历史上是前所未有的,它对中国传统的政治、经济、文化、意识形态等都形成巨大冲击,而俄罗斯及东欧改革事实又证明新古典经济学无法对一国全面改革的后果作出准确的预测,也就不可能作出很好的指导。因此,在这种复杂多变的转轨时期,任何一

① 现实中“法罪错位”的现象非常普遍。“三十年企业史,企业家落马无数,而喊冤申屈之声不绝于耳,一些被定罪的企业家往往犯事于东,而获罪于西,这就是非常隐秘的‘法罪错位’现象”。参见吴晓波著:《激荡三十年》(下卷),中信出版社、浙江人民出版社2008年版,第66页。

② 参见[美]弗里德利希·冯·哈耶克:《法律、立法与自由》,邓正来、张守东、李静冰译,中国大百科全书出版社2003年版,第89页。不过,哈耶克重点论述的是立法本身而非执法。

项经济改革的后果都是无法完全预料的,这就增加了对灵活性的需要,一开始就像法治国家那样严格按照法律来调整社会秩序会面临巨大困难。从这个角度讲,选择性执法将在转轨时期的中国长期存在。

但另一方面,选择性执法的最佳实施要求的是仁慈的、无所不知的执法者在变动不居的环境中对执法成本收益进行权衡,这在现实中是无法满足的,这种假设自布坎南和塔洛克以后也不断受到挑战和批判。① 前文已经证明,现实中的执法者都是在约束条件下最大化自己的利益,有限的在位期往往使得执法者更偏向于短期的利益权衡,在监督费用不为零的情况下,选择性执法的结果还可能大大偏离其执法的最初目的。而且,对选择性执法的依赖将不断强化并扩大政府权力,甚至执法者的个人权威,它又反过来方便并加剧选择性执法,这必将阻碍我们正在努力完善的法治进程。尽管我们可以说灵活性是转轨时期的必然要求,但环境在不断变化,灵活性的需求也在不断变化。转轨初期,计划经济体制开始失灵、解体,新的资源配置制度尚未建立,这时灵活性需求最大,选择性执法也就最为突出;尽管我们现在仍然"摸着石头过河",但是改革的目标、前景已经越来越清楚,建设市场经济、法治社会已经成为共识,相应的配套制度也在逐步完善,这时,灵活性需求实际上在不断下降,选择性执法也就在相应减少。用经济学的术语来讲,承诺和灵活性都是可欲的经济物品(goods),假设存在一簇承诺和灵活性之间权衡的无差异曲线,改革开放初期,坚守承诺的代价或价格(即有效承诺的成本减去收益)较高,灵活性的价格较低,所

① 参见[美]詹姆斯·M.布坎南、戈登·塔洛克著:《同意的计算——立宪民主的逻辑基础》,陈光金译,中国社会科学出版社2000年版,第17~33页。

以,最优的选择是更少的有效承诺,更多的灵活性;而改革的过程同时也是两者相对价格改变的过程,有效承诺的价格越来越低,或者收益越来越高,而灵活地选择性执法的收益越来越低,带来的成本却越来越高,因此,最优的结果就应该是更多、更有效的承诺,更少的灵活性或选择性执法。

既然环境所引起改革后果不可预期的可能性已经下降,下一步的改革目标放在政府上,消除那些没有经济合理性的各种管制法规,从而削弱相应管制部门的权力才是根本解决之道。同时,现在法院的作用和法院以外其他第三方的作用都没有得到很好的发挥,很大程度上也是这种缺位造成人们对政府管制甚至权力的依赖,只要发生了任何重大事故或损害,政府的责任往往成为关注的焦点。在这种背景下,政府就很难着重于对法律原则的尊重,长期利益的权衡,而不得不把精力放在具体纠纷案件的解决上。因此,为了避免这种状况,必须同时让纠纷解决的各种途径都得到很好发挥。对于法院体制、法官薪酬激励、诉讼程序等国内学者已有很多讨论,而对于其他第三方机制的培育讨论相对较少。需要注意的是,它们的作用在各自的优势内是互补的,在一定区间上又是可以替代的,一方的强势可能部分取代另一方有效作用的发挥。①

同时,由于良好的法律制度运行构成人们对其行为后果相对准确的预期,从而也是环境相对稳定的必要条件,那么,如果选择性执法扰乱了人们预期,它本身就会成为不稳定的一个根源,这反

① 详见[美]罗伯特·C.埃里克森著:《无需法律的秩序——邻人如何解决纠纷》,苏力译,中国政法大学出版社2003年版,第149~165页。他将社会控制体系分为由个人伦理第一方自我控制,由合约受诺者执行的第二方控制,以及包括非科层化的社会力量,社会组织(非政府的科层制)和政府(国家的科层制)的第三方控制五种。这五种控制体系优势互补,有所分工而又相互交叉混合。

过来又强化了对灵活性,从而对选择性执法的需求。这种自我强化必须在进一步的法治改革进程中加以消除。不仅如此,选择性执法甚至还可能存在另一种自我强化,在预算有限的约束下,当政府放弃在各种案件的边际投入原则而将更多的资源投入到某一类案件,从而导致这类案件得到暂时的突然下降时,其他违法案件由于办案投入减少又会不正常的增加,也就更可能带来下一轮的选择性执法需求。

因此,在市场经济建立相对比较完善的时期,应该逐渐减少、杜绝选择性执法,因为这时灵活性的需要已经不是来自改革造成后果的可能多变,而更多的是由于选择性执法自我强化本身造成。如果一定的灵活性是必要的,承诺和灵活性又同时都是可欲的,那么,将其制度化可能是一种比选择性执法更好的选择。例如,在可能的情况下,法律中明确规定需要灵活处理的条件,并严加限制,将比在具体执法过程中灵活处理对形成人们的稳定预期更好。Haubrich 和 Ritter 曾考察过汇率制度,稳定的名义汇率承诺政策有利于国际贸易、投资的扩大,但是,当生产率增长差异或其他一些类似原因要求对本币进行贬值时,坚守这种承诺就不得不放弃通过改变名义汇率的较为简单的机制,而采取国内通货紧缩政策,带来失业和产出损失的巨大代价。如果事前颁布相应规则,有时利用无条件规则,有时保持灵活性,并界定相机选择的临界值,将可以把承诺和灵活性的优点结合起来①。

① Haubrich, Josep G. and Joseph A. Ritter, 1995, "Commitment as Irreversible Investment", Working Paper No. 95 – 104, Federal Reserve Bank of St. Louis. 这种讨论与合同中对再谈判条件的限制规定是一样的。

7.4 结　语

在国家拥有立法权,同时对执法又能够实施有效影响的背景下,国家总是有激励对不同情况做出相机抉择,当法律成为一种约束显得僵化时,国家就有积极性超越它。它主要表现为国家利用剩余执法权,通过执法投入和执法方式的变化进行选择性执法,以获得更大的灵活性。笔者认为,它是解释中国目前普遍存在的选择性执法,以行政政策替代法庭裁决,严打式的周期性、运动式执法等多种"怪"现象的基础。在现有的制度背景下,目前的执法困境在这里被解释为国家有意为之,而不仅仅是由于直接执法成本过高或立法的低质量,更不是执法代理人的腐败、渎职或自由裁量造成的。这种执法方式需要国家能够有效制约、影响执法代理人为前提,由此形成了目前这种严重依赖于行政管制部门的偏倚的执法体系,不仅如此,即使是法院系统的设置,法官认命、薪酬福利也都受到不同程度的影响。也就是说,目前的执法体制很可能是为国家灵活性需要服务的。

尽管从短期看,从目前转轨时期来讲,选择性执法有其相对的优势,但它的不利后果也已经显露出来,比如执法体制的偏倚对法治进程的阻碍、人们预期的混乱,以及执法代理人的腐败、渎职等等。尽管我们无法消除转轨时期制度、文化、意识形态的大变动带来的对灵活性,从而选择性执法的需求,但相比改革初期的 20 世纪 80 年代,目前这种变动已经不是那么剧烈了,比如建立和完善市场经济、建设法治政府都已经成为国家长远的政策目标,市场机制这只"看不见的手"也在发挥越来越大的作用,对各种不确定的干扰已经开始具备越来越大的调节能力。因此,选择性执法的必要性越来越弱;相反,造成其持续的根源更多地开始来自其本身的自我强化,这是我们建设法治进程所必须消除的。

8. 地方政府竞争与法律实施

提高司法资源利用效率,应对案多人少的诉讼压力,同时保证司法公正的取得,这是执法的目标,也是法学研究者关注的对象。已有研究大都分别讨论司法效率和司法公正,讨论司法效率多从加强法院内部管理出发做文章①讨论司法公正的文献则更加多元化,除了抽象地讨论程序公正和结果公正之外,也有不少学者更加实证地从法院经费、②法官等级、③媒体

---

① 参见罗东川、黄斌:《我国司法效率的现状与展望》,载《人民法院报》2011 年 1 月 26 日;景汉朝著:《司法成本与司法效率实证研究》,中国政法大学出版社 2010 年版。也有研究从法官流动讨论司法效率的改善,参见陈刚:《法官异地交流与司法效率——来自高院院长的经验证据》,载《经济学》季刊 11 卷第 4 期。

② 参见陈永生:《司法经费与司法公正》,载《中外法学》2009 年第 3 期。

③ 参见贺卫方:《法官等级与司法公正》,载《法学》1999 年第 10 期。

监督、[①]公众参与[②]等角度讨论司法公正的取得。现有研究主要有两个不足，一个不足是他们忽视了司法效率与司法公正之间可能的替代与互补关系，替代表现在约束条件下同时追求两个目标，必然面临权衡取舍，以达到两者在单位投入下边际收益相等的问题，如有时坚持程序公正可能会降低司法效率，互补表现在效率本身可能就是公正的一部分，所谓“迟到的正义(公正)不是正义(公正)”，以及司法公正的取得不一定会牺牲司法效率；另一个不足是缺乏对司法效率和司法公正的定量刻画，由此导致研究甚至可能出现错误却无法察觉，如陈永生认为，司法经费增加会提高司法公正，本章的统计研究却得出了完全不同的结论。

本章侧重司法效率和司法公正的定量研究，讨论我国地方司法效率和司法公正的差异及其原因。司法效率指的是司法资源的配置效率，配置效率可以从多方面刻画，如结案率、案件平均成本花费、案件平均审结时间等；司法公正既可能是程序公正，也可能是结果公正，可以分别从程序的合法性保障、当事人对判决结果的满意度、公众对法院的信任或信心等刻画。任何单方面的度量都是有局限的，但限于针对性统计调查的缺乏，笔者根据已掌握的调查数据，把司法效率用地方法院对企业间商事纠纷平均审结时间来度量，把司法公正用企业总经理对法院审判公正性的信心(百分数表示)来度量。笔者发现，全国各地的司法效率和司法公正有明显差异，而且司法效率与司法公正表现出明显的互补而不是替代关系，司法效率高的地方司法公正常常也较好。这种互补关系可能来源于前面提到的司法效率本身是司法公正的一部分，更可能

① 参见卞建林：《媒体监督与司法公正》，载《政法论坛》2000年第6期。
② 参见熊秋红：《司法公正与公民的参与》，载《法学研究》1999年第4期。

是由于其他原因导致。一个可能的原因是地方司法资源约束不一样。陈永生认为,司法经费紧张导致法院审判权难以独立于同级党政部门,并影响到法院对审判方式的选择,如尽量简易审理、简化程序或不开庭审理,甚至导致法院集体为了经济效益贪赃枉法,司法经费紧张还会影响到法官队伍的稳定,因此,司法经费与司法公正紧密相关。① 这些理由也适用于司法效率,充足的司法资源可以改进法官办案条件,激励法官更加努力工作,聘用更多法官,聘用更高素质的法官,这会提高司法效率。我国地方司法经费主要是由地方财政拨付,尽管诉讼费降低以后,中央政府转移支付开始增加,但地方财政占主导的方式并未改变,地方司法资源不平衡一直是一个现实问题。为什么有的地方司法资源有限,有的相对充足?除考虑地方财政状况外,地方政府的司法支付意愿就成为决定因素。地方政府的司法支付意愿取决于司法经费供给带来的收益,这种收益来自司法环境改善会吸引投资,有利于地方经济发展,大量的经济学文献发现了法治环境与 FDI(外商直接投资)之间的正向关系,②同样,国内市场的一体化意味着法治环境与国内资本流动也有重要联系,各地不遗余力地招商引资证明了这一点。不过,如果地方政府试图影响地方法治环境,司法资源肯定不是唯一的方式。事实上,如许多法学家总结的,我国法院体制存在严重的"四化"问题,"行政化""地方化""非职业化""非独立化",③地方政府一方面对本地司法的效率和公正非常了解,另一方面,它完全可以从人、财、物等多方面对地方司法施加影响,而不限于相对

① 陈永生文:《司法经费与司法公正》,载《中外法学》2009 年第 3 期。

② 参见盛丹、王永进:《契约执行效率能够影响 FDI 的区位分布吗?》,载《经济学季刊》2010 年第 9 卷第 4 期。

③ 参见张平:《体制、观念与司法改革》,载《中国法学》2003 年第 1 期。

昂贵的提高司法经费的方式，更重要的是，后文的统计分析表明，司法经费改善并不一定能改善司法效率，提高司法公正。

地方政府关注地方法治环境是因为地方政府关注地方经济发展，而后者又来自以中国模式著称的地方政府之间的相互竞争。地方政府竞争理论的最初发展是从财政分权的讨论开始的，Tiebout 发现地方政府更好地拥有地方信息，由它来提供地方公共物品会更有效率，选民同时“用手投票”和“用脚投票”与地方政府争取税源一起促成了地方政府之间的相互竞争。① 选民可以以其他地方政府公共物品的提供情况作为衡量本地政府公共物品提供绩效的“标尺”，由此解决地方政府努力程度引起的不对称信息问题，这强化了地方政府之间的相互竞争。不过，这种竞争并不是一定有利的，Oates 发现地方政府之间“竞赛到底”可能导致公共物品融资不足，②后来的更多研究还发现了财政支出的不均衡等问题。中国的财政分权改革以及中央政府政治及人事集权衍生出来的地方官员为了获得职位晋升，争相发展地方经济的晋升锦标赛，形成了中国特色的地方政府竞争。这种竞争不是迎合选民的标尺竞争，而是迎合中央政府发展经济，进行 GDP 相对绩效考核的另一种标尺竞争，即中央政府为了解决不对称信息，以地区间相对发展快慢作为衡量某地经济发展的标尺。③ 这种标尺竞争会往下延伸，在政府层级间放大。由于锦标赛“赢家通吃”的特征造成竞争异常激

---

① Tiebout, Charles M., A Pure Theory of Local Expenditures, 64 *Journal of Political Economy*, 416 - 424(1956).

② Oates, Wallace E., An Essay on Fiscal Federalism, *Journal of Economic Literature*, 1120 - 1149(1999).

③ 参见周黎安：《中国地方官员的晋升锦标赛模式研究》，载《经济研究》2007 年第 7 期。

烈,地方政府竞争的好处和坏处也进一步放大。表现在司法领域可能形成两种截然不同的图景,它既可能表现为地方政府竞相提高地方法治环境,建立良好的执法声誉,为地方经济发展服务,也可能表现为压缩司法经费,把财政支出用到更加显性、成效较快的领域,如基础设施建设、城市化发展,以及把法律作为地方保护的工具,干涉司法裁判,忽视改革过程中利益受到损害的弱势群体的权利,甚至让法院协助房屋拆迁、扫黄打非、招商引资、计划生育等。这两种情况在现实中都可能有所体现,究竟哪一个占主导,只有统计数据才能够提供明确的答案。

8.1 司法效率和司法公正的度量

尽管司法效率和司法公正是法学研究的重要对象,但由于缺乏调查数据,法学家只能从个案观察出发,"管中窥豹",判断当前司法现实,而主观判断难免片面和武断,因此,对它们的讨论一直仅限于定性研究。世界银行2004年对中国做了一个关于地方投资环境的调查,该调查覆盖了中国120个城市总共12400家企业,除北京、上海、天津、重庆等四个超大型直辖市抽查了200家企业之外,其他城市各抽查了100家企业。问卷调查分为两部分:一部分是对总经理有关企业投资环境的调查,一部分是对会计师有关企业财务状况的调查。有关投资环境的调查涉及总经理在商事纠纷中对地方司法效率和司法公正的感受和判断,其中涉及司法效率的问题有企业与经销商、零售商发生纠纷后诉讼所花费时间,企业与供应商发生纠纷后诉讼所花费时间,涉及司法公正的问题有总经理对本省司法系统解决商业纠纷的公正性有多大信心(用百分比表示)。这两个问题有助于我们构造地方的司法效率和司法公正指标，对其做出定量估计。

对各个地区所有企业诉讼的平均花费时间求平均值，可得对应的城市、省份诉讼时间平均花费，取倒数可得城市或省份的司法效率度量。分别对企业与经销商或零售商、企业与供应商的时间花费计算，可得两个关于司法效率的指标。为了节省篇幅，本章主要以企业与经销商或零售商之间的诉讼解决时间作为计算司法效率的标准。① 同样地，直接将信心结果分省份平均后可得司法公正的衡量指标。为了对各地司法效率和司法公正有直观的了解，我们分省将对应指标进行罗列，并做了地方司法效率和司法公正的排名，如表 8－1 所示。

表 8－1　地方司法效率、司法公正

省份	诉讼平均耗时(月)	司法效率		司法公正	
		平均诉讼耗时倒数	排名	平均信心百分比	排名
北京	8.98	0.11	28	0.69	22
上海	5.54	0.18	6	0.68	23
天津	8.08	0.12	26	0.75	14
江苏	6.85	0.15	13	0.84	5
广东	7.91	0.13	24	0.80	11
山东	5.48	0.18	5	0.87	1
浙江	4.76	0.21	1	0.83	8
辽宁	6.90	0.12	14	0.75	15
河北	7.78	0.13	23	0.86	3

① 部分样本企业成立时间短，可能还没有经历过诉讼，并没有回答该问题。回答与供应商发生纠纷后诉讼时间的样本较少，故本章取与零售商发生纠纷后的诉讼时间作为标准。

续表

省份	诉讼平均耗时(月)	司法效率		司法公正	
		平均诉讼耗时倒数	排名	平均信心百分比	排名
福建	6.31	0.16	11	0.85	4
海南	5.29	0.19	4	0.65	26
东部	6.61	0.15	—	0.82	—
吉林	7.69	0.13	22	0.75	16
河南	5.01	0.20	3	0.84	7
湖北	6.79	0.15	12	0.77	12
广西	7.29	0.14	18	0.73	18
安徽	4.99	0.20	2	0.84	6
山西	9.08	0.11	30	0.72	19
内蒙古	7.29	0.14	17	0.52	30
湖南	7.69	0.13	21	0.71	21
江西	5.56	0.18	7	0.87	2
黑龙江	7.39	0.14	19	0.62	27
中部	6.63	0.15	—	0.76	—
四川	5.98	0.17	9	0.82	10
重庆	7.19	0.14	16	0.83	9
云南	8.03	0.12	25	0.76	13
新疆	9.01	0.11	29	0.66	25
陕西	8.86	0.11	27	0.75	17
甘肃	7.16	0.14	15	0.72	20
贵州	6.04	0.17	10	0.67	24
青海	5.63	0.18	8	0.53	29
宁夏	7.45	0.13	20	0.58	28
西部	7.27	0.14	—	0.74	—

表 8 - 1 告诉我们，司法效率排名前三位的是浙江、安徽和河南，排名倒数前三位的是山西、新疆和北京。其中，浙江省平均诉讼耗时仅为 4. 76 个月，山西省的平均诉讼耗时则高达 9. 08 个月，将近浙江省的一倍。司法公正排名前三位的是山东、江西和河北，排名倒数前三位的是内蒙古、青海和宁夏。其中，企业对山东省司法公正的信心指数为 87%，而内蒙古的信心指数仅为 52%。计算全国的平均诉讼耗时和司法公正指数，分别得到 6. 80 个月和 78. 38%，这说明我国商事纠纷平均耗时将近 7 个月，企业普遍对法院的公正性还是比较有信心的，尽管各省司法状况差异并不小。不仅各省司法环境有差异，区域间差异同样存在。如果把各省份分东中西部统计，会发现东部省份的司法效率和司法公正都显著好于西部省份，而中部省份居中。考察司法效率与司法公正的关系，会发现两者有弱的正相关，相关系数为 0. 33。直观地，可以把两者的关系用散点图来表示，如图 8 - 1 所示。

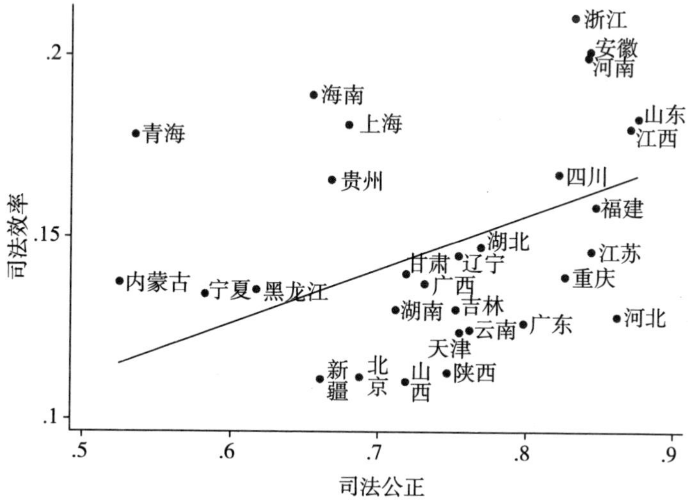

图 8 - 1　司法效率与司法公正

图 8 - 1 清晰地表明我国地方司法效率与司法公正存在互补关系,司法效率越高的地方司法也越公正。单纯从效率本身是公正的一部分无法全部解释这种互补关系,那么,司法资源约束是否就是问题的答案呢?

8.2 司法资源多寡与法治环境

本章收集了 2004 年各省的财政支出、司法经费(统计年鉴只公布了合计的公检法支出)、人口,并计算了人均司法经费和司法经费占财政支出的比例。从下表可以看出,不仅仅是地方经济发展、地方财政决定了司法经费,而且各地司法经费占财政支出的比例也不一样,有的在 10% 左右(广东、浙江),有的则不足 5%(甘肃、青海),如表 8 - 2 所示。

表 8 - 2 地方财政支出情况对比

省份	财政支出(万元)	司法经费(万元)	人口(万人)	人均 GDP(元)	人均司法经费支出(元)	人均司法经费支出对数	司法经费占财政支出比例
安徽	6015280	376652	6461	7681	58.30	4.07	0.063
北京	8982756	677822	1492.7	41099	454.09	6.12	0.075
福建	5166787	390099	3511	16469	111.11	4.71	0.076
甘肃	3569366	160554	2618.78	6566	61.31	4.12	0.045
广东	18529500	1903531	9110.66	20870	208.93	5.34	0.103
广西	5074721	402346	4889	7461	82.30	4.41	0.079
贵州	4184181	287496	8595.3	7895	33.45	3.51	0.069
海南	1272006	83182	817.83	10067	101.71	4.62	0.065
河北	7855591	554549	6809	12487	81.44	4.40	0.071

续表

省份	财政支出（万元）	司法经费（万元）	人口（万人）	人均GDP（元）	人均司法经费支出（元）	人均司法经费支出对数	司法经费占财政支出比例
河南	8799580	566884	9717	9201	58. 34	4. 07	0. 064
黑龙江	6975516	412324	3816. 8	12449	108. 03	4. 68	0. 059
湖北	6462888	515226	6016. 1	9897. 64	85. 64	4. 45	0. 080
湖南	7195435	483201	6697. 7	9165	72. 14	4. 28	0. 067
吉林	5077758	297489	2661. 9	11537	111. 76	4. 72	0. 059
江苏	13120404	1056325	7432. 5	20223	142. 12	4. 96	0. 081
江西	4540598	322542	4283. 6	8097	75. 30	4. 32	0. 071
辽宁	9313979	640022	4173	15835	153. 37	5. 03	0. 069
内蒙古	5641117	286448	2384. 4	12767	120. 13	4. 79	0. 051
宁夏	1230177	65600	587. 71	9199	111. 62	4. 72	0. 053
青海	1373363	65004	538. 6	8693	120. 69	4. 79	0. 047
山东	11893716	807554	9180	16925	87. 97	4. 48	0. 068
山西	5190569	326785	3335. 1	10741	97. 98	4. 58	0. 063
陕西	5163052	295266	3705	8587	79. 69	4. 38	0. 057
上海	13825254	773594	1352. 39	46755	572. 02	6. 35	0. 056
四川	8952534	625369	8595. 3	7895	72. 76	4. 29	0. 070
天津	3750212	257858	932. 55	30575	276. 51	5. 62	0. 069
新疆	4210446	260148	1963. 11	11337	132. 52	4. 89	0. 062
云南	6636354	438337	4415. 2	7012	99. 28	4. 60	0. 066
浙江	10629355	982693	4803. 48	24352	204. 58	5. 32	0. 092
重庆	3957233	274003	2793. 32	9624	98. 09	4. 59	0. 069

将人均司法经费取对数，然后与上节刻画的司法效率、司法公

正联系起来，如图8－2、图8－3所示。

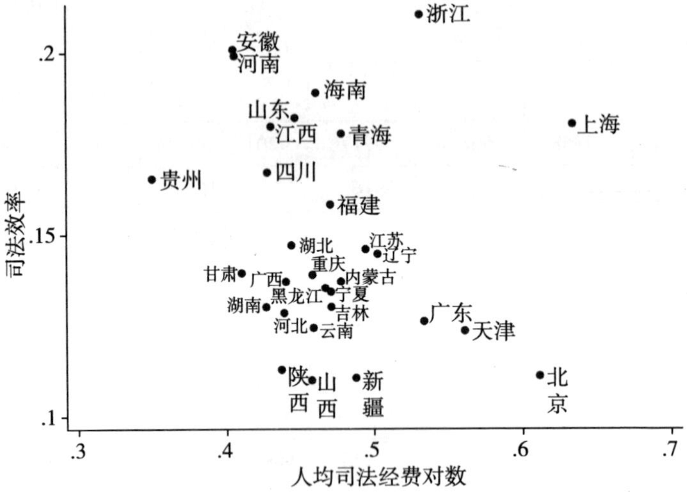

图8－2

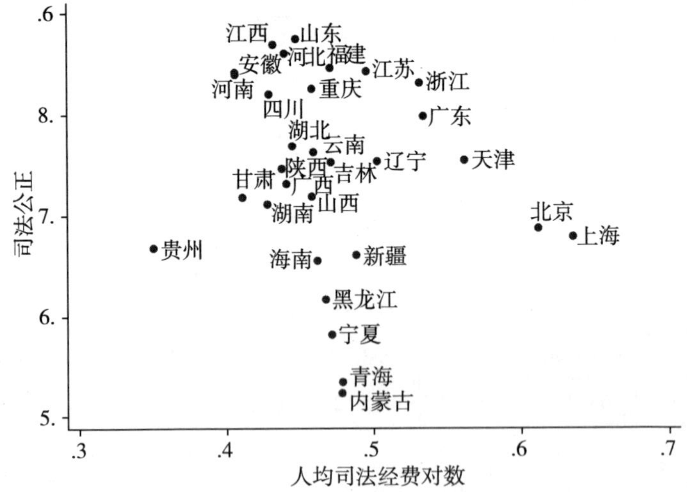

图8－3

图8－2、图8－3给了完全出乎预料的结果，司法效率、司法公正与司法经费并无显著关系。①

按照前面的逻辑分析，司法经费会改善司法效率和司法公正，但司法效率高的地方本身就代表着只需要较少的司法经费，同时司法公正越好（如法官形成公正廉洁的文化）的地方可能也只需要较少的司法经费去维持。也就是说，两者可能相互影响。除此之外，还可能存在第三个变量同时影响了它们，也就说，第三个变量减少司法经费的同时，还提高了司法效率和司法公正。比如法院迫于外在压力，加强了内部管理，提高了司法效率和司法公正，却只使用了较少的司法经费。现代计量经济学发展出来解决由于互为因果（联立性）导致内生性问题的方法是引入工具变量，即找出一个工具变量与自变量相关，但与因变量无关，将工具变量与因变量回归，这种“过滤”以后的回归结果就能够刻画自变量对因变量的单向因果影响。如果以当年的人均财政支出对数作为人均司法经费对数的工具变量（它与司法效率、司法公正无关，但与人均司法经费有关，因为人均司法经费是它的一个比例），再进一步控制其他变量，如各地的经济发展水平、经济增长率、人口密度等，然后对它们进行回归，会发现人均司法经费支出对司法效率和司法公正的影响是不显著的。因此，可以说，司法经费与司法效率、司法公正没有关系。

8.3 地方政府竞争与法治环境

本书认为，存在第三个变量同时影响着司法经费和法治环境，

① 经检验，它们之间微弱的负相关在统计上是不显著的。

它就是地方政府之间的竞争。讨论地方政府竞争影响法治环境有两种方法,一种方法是应用空间统计学研究各地政府行为或策略是否存在空间相关,即空间距离更近的地方由于竞争激烈会存在相互模仿,从而表现出策略互补(即同向变化);另一种方法是寻找刻画地方政府竞争的代理变量,讨论它与法治环境之间的关系,本章采取后一种方法。

Frye 和 Shleifer 把政府的角色分为"看不见的手"、"援助之手"和"掠夺之手"三种。[①] 政府角色仅限于"看不见的手"的前提是政府受到法律约束,"援助之手"和"掠夺之手"则与政府高于法律相关。当政府不受法律约束的时候,政府之间的相互竞争是其成为"援助之手"而非"掠夺之手"的重要机制。因此,刻画政府作为"援助之手",即政府质量的指标就可以作为地方政府竞争的代理变量。[②]

问卷中有很多指标可以代表地方政府的效率或质量。第一个指标是地方政策的稳定性,总经理被问及不稳定的经济和管理政策对企业发展的影响程度,答案依次分为没有影响、稍有影响、中等影响、影响比较大、影响非常大,将回答分别赋值为 0、1、2、3、4,并将其看做是企业对地方政府政策实施情况的打分,分地区取均值,就得到衡量地方政府政策稳定的指标,分值越大,政府质量越低。第二个指标是企业产品出口通关耗费时间的长短,分地区取均值得到通关速度指标,它可以衡量地方政府效率。第三个指标

① Frye, Timothy and Andrei Shleifer, The Invisible Hand and the Grabbing Hand, 87, AEA Papers and Proceedings, 354 – 358 (1997).

② 法治水平与政府质量之间并不存在必然的相关关系,参见 Acemoglu, Daron and Simon Johnson, Unbundling institutions, 113, Journal of Political Economy, 949 – 995 (2005)。他们发现,在控制了殖民者死亡率或殖民时期人口以后,执政者约束与法治水平没有关系。

是企业参与腐败的程度，治理良好的政府与腐败是负相关的，企业参与腐败的财务支出通常会体现在餐饮、娱乐和旅游的支出上，将这部分支出除以销售收入，这个比例一定程度上能代表企业参与腐败的程度，将各地企业吃喝旅游占销售收入的比例取平均值，可得地区腐败程度的指标。第四个指标是企业缴纳的所有税务，包括政府以各种名目收取的费用占销售收入的比例，按地区取均值，得到地区企业税收负担的指标。第五个指标是地方官员贡献指标，问卷调查了税收、公共安全、环境、社会与劳动等四个政府部门对某企业发展做出贡献的官员比例，这四个比例是紧密相关的，采用统计学中的主成分分析法进行指标合成，可以将其合为一个指标，然后对各地区取中位数得援助之手指标，这里取中位数而不取均值的原因是可能少数企业获得了官员更多帮助，而大部分企业获得帮助较少，这时中位数比均值刻画更准确。

如果地方政府竞争导致了较高的政府质量，也改善了当地的法治环境，那么，政府质量与法治环境必定是相关的。① 求司法效率、司法公正与上述五个政府质量指标的相关系数，如表 8－3 所示。

表 8－3　政府法治环境指数

	司法效率	司法公正	政策不稳	通关时间	腐　败	税收负担	官员贡献
司法效率	1.00						
司法公正	0.41***	1.00					

① 在目前的制度背景下，法治环境不能约束政府，因此法治环境不是政府质量好坏的原因；政府质量可能影响法治环境的原因是第三个变量同时导致了二者的变化，即地方政府竞争。

续表

	司法效率	司法公正	政策不稳	通关时间	腐　败	税收负担	官员贡献
政策不稳	-0.46***	-0.46***	1.00				
通关时间	-0.11***	-0.49***	0.10***	1.00			
腐败	-0.21***	-0.64***	0.37***	0.49***	1.00		
税收负担	-0.21***	-0.59***	0.35***	0.59***	0.67***	1.00	
官员贡献	0.25***	0.46***	-0.64***	-0.18***	-0.25***	-0.31***	1.00

注：***表示在1%的水平上显著。

从表8-3的相关系数矩阵可以看出，无论从哪个指标衡量地方政府的质量或效率，各个指标反映出来的政府质量情况都是一致的，地方政府行为恣意导致地方政策不稳的地方，通关时间越长，企业参与腐败的可能性越大，企业的税收负担越重，企业得到地方政府官员帮助越少。同时，地方政府质量高的地方法治环境越好，反之越差。

为了进一步证明地方政府竞争改善了法治环境，可以在控制住其他变量的情况下将法治环境与地方政府竞争的代理变量进行回归。地方政府质量可以作为地方政府竞争的代理变量，因为地方政府质量高是该地区地方政府竞争激烈的结果。比如，中国模式的地方政府竞争表现为官员为了获得职位晋升的锦标赛竞争，因此，可以预期竞争越激烈，官员主动帮助企业发展，对企业发展做出贡献的比例就越大，官员贡献可以作为一个恰当的衡量地方政府竞争程度的代理变量。①

回归发现,即使控制住其他变量,司法效率、司法公正都非常显著地受到了地方政府竞争的影响,地方官员为企业做出贡献的比例越大,或者说地方官员为了地方经济发展付出努力越多,该地方的法治环境也越好;地方政策越不稳定、通关时间越长、税收负担越重、腐败越多,该地方法治环境越差。

8.4 结 语

世界正义项目(the world justice project)对 97 个国家编制了法治指数,②一级指标包括有限政府权力(limited government powers)、清廉程度(absence of corruption)、社会治安状况(order and security)、基本权利(fundamental rights)、开放政府(open government)、管制实施(regulatory enforcement)、民事正义(civil justice)、刑事正义(criminal justice)等八个方面,我国的得分排名除社会治安状况等比较靠前之外,如有限政府权力、基本权利等部分指标比较靠后。

与此对照的是世界银行 2008 年对中国营商环境的调查,③尽管各个省的营商环境有好有差,但大部分省市都正在对开办企业、注册财产、获得信贷和合同实施等营商环境的某个方面甚至全方位进行改革,目的只在吸引资本,鼓励投资。除了开办企业程序繁杂,即使是开办程序最少的城市杭州、南京和福州,也需要 12 道手续,与排名第一的澳大利亚和加拿大仅需要 2 道手续形成鲜明对

---

① 企业获得的官员帮助与企业的吃喝旅游占销售收入的比例是负相关的,因此,官员贡献是官员主导给予而不是贿赂取得的。

② http://worldjusticeproject.org/country/china.

③ 该调查针对的是除西藏的拉萨以外的各省会城市。

比外,其他表现最好的城市在世界排名中也比较靠前,合同实施天数全国最短(112天)的南京甚至排名世界第2,仅次于新西兰(109天);合同实施花费(占标的的9%)全国最低的上海排名世界第8。

以上两个调查数据一方面说明中国地方政府权力过大,另一方面却表明地方政府正在积极努力地进行各种改革,包括管制和法律实施。地方政府权力受法律约束较少,而且通过各种渠道干预司法,一直为法学家所诟病,但这在目前的体制下改变还需时日。不过,笔者的研究表明,地方政府干预司法并不是一无是处的,事实上,地方政府干预司法利弊如何,取决于干预的主要目的是什么,如果干预的目的是为了发展地方经济,那么,在资本自由流动的假设下,地方政府极有可能树立较高司法效率和司法公正的声誉作为吸引投资的制度工具,从而有利于地方司法公正和司法效率的提高。尽管地方政府仍然可能干预司法以达到地方保护的目的,但笔者的证据表明,这种效应并不占主导。

9. 司法判决一定不利于弱者吗？*

法官做了相应判决，败诉一方无法承受不利后果而自杀，即使案件审理并无偏颇，但老百姓如果不信任法官的公正，加上网民的跟风炒作，“人肉搜索”发现法官有人格瑕疵，信息被扭曲以后的各种传言甚至可能催生群体性事件，政府最后就极可能不得不相机处理以维持社会稳定。预期到法官和政府都害怕这种局面的出现，败诉的当事人通过纠缠法院，以上诉、上访或在法院门口寻死等手段作为要挟，迫使法官妥协做出于己有利的判决往往能够成功。为什么即使法官做出公正判决，人们仍不信任法官，质疑判决的公正性？为什么作为长期参与人的法官没有建立坚持公正，绝不

* 本章内容原文发表于《南方经济》2012 年第 8 期。

妥协的声誉，甚至向包含“以死相逼”的经典的不可置信威胁的机会主义策略让步？如果机会主义策略能够轻易得逞，将引诱更多的模仿者效仿，法官一味妥协将导致司法制度的崩溃，现实情况并非如此，为什么？一般地，如果这种机会主义策略不仅在与政府打交道时可能成功，而且在存在第三方认为强弱地位不等的普通人交易中也可能成功，那么从长期来讲，它将多大程度上影响失利一方建立私人声誉，得利一方背上坏的声誉而在将来失去更多可能的交易机会？

笔者首先讨论信任问题，再引入弱者的概念和第三方对弱者的同情，在此基础上分析机会主义弱者利用自己的弱者身份和政府关注稳定的弱点而成功的可能性，以及更多的模仿带来均衡的移动和改变，最后讨论模型对交易各方的影响和一般化意义。

9.1 可置信承诺、声誉与信任

现实是人们对法官的信任问题并不仅仅源于司法系统，因为在中国当前的司法制度背景下，普通百姓更多的是把法院与政府联系在一起的，这可以从人们面对纠纷解决困难通过上访，直接向政府领导求助等看出来。因此，本节将从更一般的角度讨论政府行为以及人们对政府的信任问题。

尽管交易能够互利，但跨时期交易却很可能因一方机会主义行为而失败。这时，彼此信任或至少一方信任另一方常常是交易成功的前提。从个人利益出发导致囚徒困境的帕累托无效率一直困扰着许多交易的进行。人们为什么信任，什么时候信任，在什么情况下信任是经济研究的一个重要题目。已有文献发现，人们在重复博弈中的行为和在单次博弈中的行为有很大差异。在重复博弈中,人们决策时会考虑到当期行为对其他参与者未来行为的影响,从而信任或合作有可能实现。无名氏定理告诉我们,如果参与人有足够耐心,①任何可行的个人理性收益②都能在纳什均衡中得以实施。考虑到惩罚别人会给惩罚者带来成本,从而惩罚的威胁不可置信,Friedman(1971)引入了纳什回复惩罚,Fudenberg 和 Maskin(1986)在 Aumann 和 Shapley(1976)、Rubinstein(1979)的基础上,引入胡萝卜加大棒的执行方式加强了无名氏定理,即如果参与人有足够耐心,任何可行的个人理性收益也能子博弈精练纳什实施。进一步,如果其中一方是长期参与者,另一方是一系列只博弈一次的短期参与者,只要参与者选择行动的时候都知道以前的全部选择,每一期短期参与者先动,则长期参与者有足够耐心时,建立在短期参与人信任长期参与人基础上的合作仍然能够子博弈精练实施(Dybvig 和 Spatt,1980;Klein 和 Leffler,1981;Shapiro,1982;Kreps,1986)。

然而,上述结论只适用于无限重复博弈,或者参与人不知道何时结束的博弈,而有限重复博弈却仍然受到连锁店悖论的困扰(Selten,1978)。Kreps 和 Wilson(1982)、Milgrom 和 Roberts(1982)引入参与人类型的不确定以后,发现即使博弈次数是有限的,至少在博弈的前段时期,参与者仍然有合作的激励,即机会主义参与者有激励建立合作的声誉,以期得到更大的信任利益。这种情况对单一长期参与人情形具有最强,最一般的含义(Fudenberg 和 Levine,1991)。

研究信任对于私人交易的影响,讨论企业、个人的声誉问题,国内已有一些成果,例如,张维迎(2001)从产权角度提出“无恒产者无恒心”,郑也夫(2001)从历史传统角度认为中国人缺乏彼此的

---

① 即贴现因子大于某个值。

② 个人理性收益指的是大于各个参与人的最小最大收益的支付向量。

信任,在此基础上,蔡洪滨、张琥和严旭阳(2006)研究中国企业的信誉缺失问题等。值得注意的是,国内学者对私人或企业之间的信任关注较多,而对私人是否信任政府关注较少。但政府是经济中最大的交易主体,人们如果不信任政府,带来相应的帕累托无效率是可想而知的。

North 和 Weingast(1989)发现当英国政府实行宪政以后,国债数量巨幅增加的同时利率却大大减少了,从而证明了政府做出可置信承诺,人们因此信任政府的重要性。与此相对照,宏观经济学则提供了中央银行难以做出可置信承诺,政策动态不一致带来损失的反面例子(Kydland 和 Prescott,1977)。由于政府是单一的长期参与人,可置信承诺和声誉的价值尤为巨大,那么,为什么政府在可以做出可置信承诺的时候没有做出,不能做出可置信承诺的时候,也没有在重复博弈中建立一以贯之的声誉?Laffont 和 Tirole(1993)指出,这里面有两个基本原因。第一个原因是在不确定环境下,很难签订完全的状态依存合约。如果信号显示衰退即将来临,中央银行就会扩张货币供给,但是,那些信号在今天难以描述。第二个原因是政府任期和政治家职业生涯考虑可能导致政府迎合企业或利益集团,长期给国家带来不良后果。不做长期承诺给了第二届政府改正上届政府错误的可能性。

与 Laffont 和 Tirole 的讨论不同的是,我们国家改革开放以前过高的政策目标与过低的不利后果之间的巨大落差摧毁了人们对政府的高度信任和依赖,改革开放以后,转轨时期多变的时局迫使政府以社会政治稳定为前提,经济增长为目标,其他皆为服务于目标的手段,虽然这种执政方针让政府获得了很大的灵活性,但因时因势不同的处理办法也让人们难以形成对政府行为的稳定预期。同时,制度不健全和约束不够,曝光的部分法官和政府官员的腐败、渎职以及政府信息不公开等不断蚕食着人们对政府剩余的信任；高层官员时而越级纠错在挽救人们对政府信任的同时也加剧了人们对基层官员的不信任。如果政府更多地看重行为的短期利益，缺乏足够的建立声誉的激励，官员个人建立声誉的激励就会更小，难度也更大，因为政府会直接影响官员的行为，从而破坏其以前积累的声誉资产。在目前的司法制度背景下，政府官员如此，法官同样如此。值得注意的是，人们基于过去历史路径产生的不信任将加大未来建立声誉的难度。现实的窘境是即使现在有越来越多的政府信息公开，但老百姓却常常更愿意相信一些非正规信息来源，认为背后可能存在更大的黑幕。

9.2 弱者的武器与机会主义策略

正是因为政府既没有做出可置信承诺，又强调在情势变化下具体问题具体解决，从而没有建立足够的声誉，由此造成人们普遍不相信政府及其官员行为的公正才使机会主义策略在一定条件下能够成功。本节将以上一节的分析作为背景，讨论败诉当事人的策略性行为。

大众通常把那些社会资源占有份额或能够在交易中有效使用的社会资源相对较少的个人或组织看做是弱者。① 因为是相对较少，所以任何个人或组织因为具体交易对象的不同都可能成为别人心目中的弱者。当弱者面临竞争条件下的多个交易选择时，其地位带来的交易劣势并不存在或很少。反之，如果弱者的交易选择很少而难以甚至无法退出，动用社会资源增加其讨价还价的能

① 社会资源指金钱、权力、关系和暴力手段等。

力又很有限,他就可能受到“剥削”,只能得到大大低于“公平”的交易利益,面临强制力时交易利益甚至为零或为负。徐昕(2009)描述了转型中国农民工在得不到救济的情况下为权利自杀的悲壮;斯科特(2007)则发现,在单个的反抗力量太薄弱,集体反抗又存在搭便车的困扰而不可行时,弱者常常还有其他的选择,如“偷懒、装糊涂、开小差、假装顺从、偷盗、装傻卖呆、诽谤、纵火、暗中破坏等等”,这些选择被冠以“弱者的武器”,它刻画了强者专横和弱者无奈的夹缝中间还可能存在其他的生动斗争。然而,这并不是故事的全部,看起来不利的弱者身份在一定条件下可能成为有利的武器,获得更大的利益。

感同身受的同情之心是人性的一部分(斯密,2009),或许更重要的是所有人都可能陷入弱者的境地,①在援助手段的机会成本比较低时,大部分“局外人”都愿意助阵帮助弱者摆脱被剥削的境地,媒体、网络往往成了声讨强者的战场。孙志刚、佘祥林、邓玉娇等受害者先后因此得到正义的伸张。但由于信息的缺乏,深入调查的成本比较高,这种“一腔热血”的声援手段不时也上演了时而一边倒的支持打死人的警察,时而支持死者的闹剧。② “人肉搜索”更是把平民推上了祭台,任何人在第三方信息来源单一甚至失真的道德审判下都可能不再无辜③,这种多数的“暴政”使人们在交易中面临相对于自己是弱者的一方时不得不考虑到可能因此而来的压力和不利后果。

---

① 后文都以同情来指代第三方大众的动机。

② 2008年10月11日,齐新等六名警察与林松岭等人发生口角进而厮打,林松岭死亡。网民在片面的消息来源下争执不休。参见哈尔滨市中级人民法院判决文书,载哈尔滨市中级人民法院官网,http://www.hrbcourt.gov.cn/court/judoc_xxnr.php?judoc_id=238。

③ 特别是当人们不再就事论事地评判某个人时,几乎没有人是完美无瑕的。

如果交易中的强者必须考虑第三方"同情大众"的评价,被视为弱者的一方便可以利用这种身份优势,敲诈强者,反过来在讨价还价博弈中获得更多的交易利益。法律经济学的"要挟诉讼"(nuisance suits)与这里的讨论有些类似。在要挟诉讼中,原告试图以诉讼敲诈被告,由于和解费用低于被告的诉讼费用与可能的败诉赔偿之和,被告将接受敲诈。然而,仔细分析发现,在完全信息动态博弈中,原告的诉讼敲诈策略是不可置信的,因为诉讼同样给原告带来成本。但现实中的要挟诉讼的确存在,后来的模型要么引入原告策略性地运用沉没成本,即无论诉讼是否发生,原告都将支付诉讼费用来使自己的承诺可置信;要么引入原告的恶毒情绪,即给被告造成损害将给原告带来更大效用(拉斯缪森,2003)。与本章讨论不同的是,在要挟诉讼中,原告是机会主义者,但并不一定是弱者,而且要挟诉讼的关键在于原告如何解决承诺的可置信问题,与第三方民众对交易结果的影响无关。假定机会主义弱者就是为了获利而排除恶毒情绪和策略性地运用沉没成本的可能,那么,为什么这种不可置信威胁在现实中却时常能够得逞?

9.3 模　型

本节首先分析单个主体与政府(官员)的博弈,后文再对此扩展到有竞争的原被告双方与法官或政府的博弈。前者可以解释行政法、管制的实施,后者则适用于民事或刑事案件。政府是唯一合法拥有暴力的团体,按照前面根据交易对象占有资源区分强弱的讨论,所有与政府官员打交道的百姓都是弱者。① 而且,由于个人

① 这里不排除个人具有巨大社会资源的可能,但与政府打交道时这些资源很可能得不到有效使用。我们也不考虑个人可能比办案官员更加强势的情况。

一般不能退出,在政府没有受到有效约束的情况下承受不利结果的可能性就较大。对于一个不利的结果,弱者接受的成本为 D,申诉或反抗的成本为 c。假定产生这个不利结果的程序是公正的,[①] 政府(官员)考虑到外部性以后拒绝申诉要求的收益为 g,而支持的成本为 h。但如果弱者自杀,尽管他承受的成本 S 远大于接受的成本 D,以及 D 与 c 之和,但政府(官员)也将承受成本 H,它大于 h。这是由于政府关注民意,关注第三方的看法,而第三方会因此求全责备,故具体执行的官员在发生因案件判决造成死亡后将可能承受来自上级官员问责的更大成本,这里假定为 H。在完全信息动态博弈的框架下,可如图 9－1 表述。

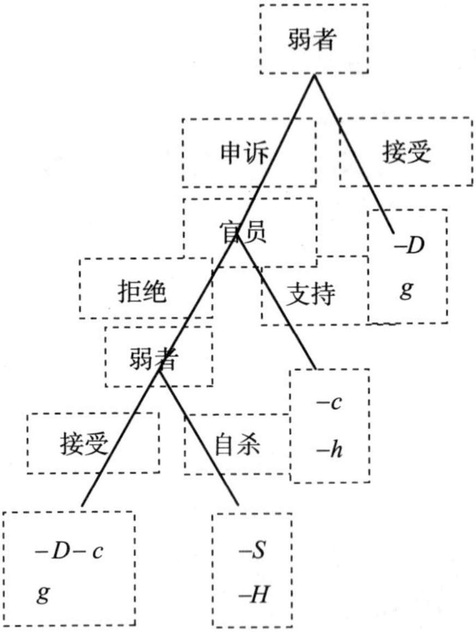

图 9－1

① 程序公正并不排除成本约束下可能的司法错误(Polinsky and Shavell, 2000)。为了分析机会主义策略,本文并不关注程序不公正时的情形。

由逆向归纳法,可得如下结论:

命题1:图9－1的子博弈精练纳什均衡为[(接受,如果申诉被拒绝则接受),如果申诉则拒绝]。也就是说,在完全信息下,由于申诉或反抗有成本,程序公正的结果即使对其不利,弱者也将接受。

在上述框架下,以自杀作为威胁的机会主义策略是不可置信的,因为当遭到拒绝,他并不会真正实施所声称的行动,第三方也就不会介入其中。因此,在博弈引入新的结构前机会主义弱者没有存在的空间。我们需要对当事人做进一步区分。

人生会有很多不幸。或者是心理承受能力差,或者是多个不幸集中到了一起而无法承受,某些人选择了主动的非自然死亡。不管是什么原因,我们把这类人简称为“鸡蛋脑壳”。[①] 无论其死亡是否是因为这里讨论的不利结果引起,只要鸡蛋脑壳在这个不利结果发生后选择了自杀,“人命关天”,给予同情之后,原本就先验地不信任政府的第三方民众会认为程序公正很可能值得怀疑,如果存在司法错误,程序公正与否甚至不再重要。[②] 由于直接调查弄清事实真相的成本太高,民众大都不会真正介入调查,而是以新的信息来源修正以往形成的程序公正与否的先验概率。鸡蛋脑壳不幸死亡以后的各种信息来源,如执法代理人和当事人的身份、历史,案件的特殊性,它的社会、政治和经济影响等都会促使第三方对先验概率进行贝叶斯修正,从而决定是否声援和支持。非自然

① 这里借用了弗里德曼(2004)对侵权法讨论中的称呼,意为很容易受到伤害。

② 由于无法还原历史事实,法律只能通过程序来保证判决的公正。但这并不能保证判决在新的证据出现后被认为是一种错误。这需要用再审、国家赔偿等办法来解决。普通百姓往往不能区分司法不公与司法错误,详见下文的分析。

死亡、情节离奇曲折、严重不公平或不公正等等是最可能牵动大众神经的因素。政府事后可以发布于己有利的证据,但民众不信任政府,政府自己提供的证据能够起到的作用就很小。如果机会主义弱者能够有效利用这一点,在与政府部门,包括司法部门打交道的过程中使用机会主义策略,即使政府官员、法官按照程序处理并无过错,但为了避免这个案件本身成为选择性执法的对象(戴治勇、杨晓维,2006),甚至自己成为牺牲品,他们很可能宁愿让机会主义策略得逞。为了简化,把关注的焦点集中到机会主义弱者策略为什么可能成功上,这里忽略上述复杂的新的证据不断引入后的贝叶斯概率修正过程,而暂时假定人们在弱者自杀以后将怀疑程序的公正,从而无条件支持非政府一方的弱者。

假定鸡蛋脑壳也是理性的,那么他选择死亡的成本 S 必定小于接受不利结果的成本,如果鸡蛋脑壳面临不利结果的成本与常人一样为 D 而非常有限,这是难以想象的,因此,这里假定鸡蛋脑壳非常看重这个结果,①不利结果使其夸大既有成本 D,从而实际承受成本 κD 大于了死亡成本 S。鸡蛋脑壳有三个选择,接受不利结果,自杀和申诉。由于执行官员将承受鸡蛋脑壳死亡引致的成本 H,模仿鸡蛋脑壳的机会主义策略就有可能取得成功。由于程序是公正的,为了论证方便,可以假定普通当事人认为如果申诉,即使要求得到支持也将承受除申诉成本 c 之外的心理成本 c',两者之和大于接受判决的成本 D,故他宁愿接受程序公正下的不利结果。因此,提出申诉的要么是鸡蛋脑壳,要么是伪装成鸡蛋脑壳的机会

① 比如由于心理原因,或者类似事件反复发生而过分看重别人的看法。当然,如果是其他不幸恰巧同时发生,其发生的概率可以理解为文中鸡蛋脑壳出现的先验概率 p,它起到的作用就与这里分析是一样的。

主义弱者①。假定存在不对称信息,自然决定鸡蛋脑壳的概率为 p,机会主义弱者的概率为 $1-p$,民众知道自己的类型,官员仅知道其概率分布,则动态博弈如图 9－2 所示。

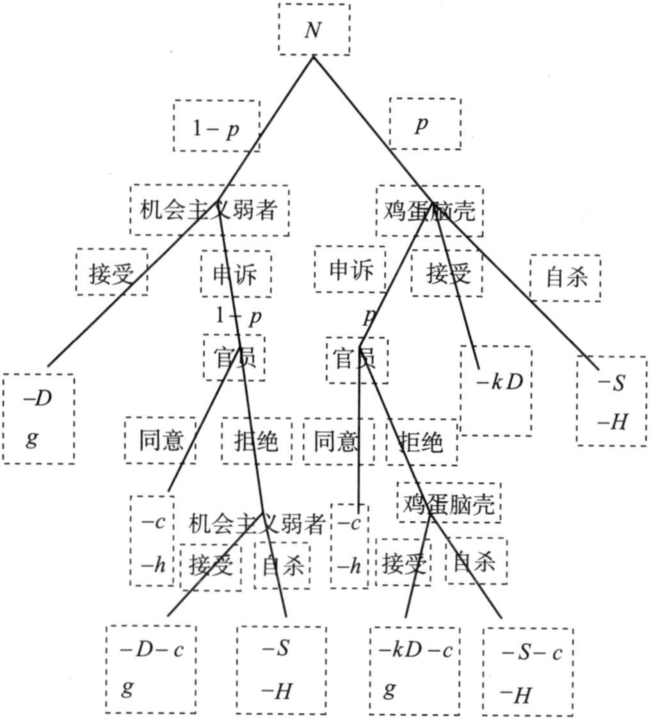

图 9－2

由于 $-S>-\kappa D$,鸡蛋脑壳可能选择自杀。如果自杀,官员的后验信念为 $p=1$。如果机会主义弱者和鸡蛋脑壳都提出申诉,到达官员的信息集,当事人的混同策略使官员维持先验信念。由于

① 为了简洁,图 9－2 没有画出普通民众的博弈选择。普通民众反应的进一步讨论见本章第四节。

机会主义弱者申诉遭到拒绝后会接受,而鸡蛋脑壳遭到拒绝必定自杀,官员将承受成本 H,因此,官员可能同意当事人的诉求。当 $(1-p)g+p(-H)<-h$,或 $p>\frac{g+h}{g+H}$时,官员选择同意,机会主义弱者选择申诉。总结上述分析,结论如下:

命题2:在图9-2描述的博弈中,存在以下精练贝叶斯均衡:

(1)当官员对鸡蛋脑壳的先验概率 $p>\frac{g+h}{g+H}$时,官员选择同意,机会主义弱者和鸡蛋脑壳都选择申诉,如果申诉被拒绝鸡蛋脑壳选择自杀。

(2)当 $p\leqslant\frac{g+h}{g+H}$,官员选择拒绝,机会主义弱者接受而且不申诉,鸡蛋脑壳选择自杀。官员受到问责处罚。

(3)设 $p^{*}=\frac{g+h}{g+H}$,求导得$\frac{\partial p^{*}}{\partial h}>0$,$\frac{\partial p^{*}}{\partial H}<0$,$\frac{\partial p^{*}}{\partial g}>0$。因此,临界值 p^{*} 随着 H 的增加而减少,即官员如果因为鸡蛋脑壳自杀而遭受的成本增加,这种成本或者由第三方民众通过前文描述的各种手段直接施加,或者由于政府要顺从民意,由上级施加,官员同意申诉要求的区间$(p^{*},1)$将扩大,倾向于无原则的让步。反之,如果官员像海瑞那样尊奉自己的信仰,无原则让步带来的成本 h 的增加会促使其不妥协。更有趣的是 g 的增加也将促使官员不妥协。这里 g 可以代表关系重大,有很大政治或政策宣示性的案件所带来的收益,在这种案件中政府和其代理官员的利益是一致的,倾向于不妥协。

上述博弈假设机会主义弱者或者鸡蛋脑壳只有一次申诉机会是一种简化,多次申诉机会的引入只是使模型更加复杂,但并不改变以上结论。同样地,假定机会主义弱者只是模仿鸡蛋脑壳寻死,也是一种为了追求故事生动而做的简化。现实中的机会主义策略还包括反复的上诉、上访,哭闹、纠缠不休,散布谣言、聚众闹事等,由于政府是一个多目标组织,在缺乏有效约束的情况下,它必定有动机具体情况具体处理,其中包括向机会主义弱者妥协。因此,本节中的分析既适用于具体的某个官员,也适用于整个政府。再有,考虑到无法避免的司法错误,普通民众对程序正义和实质正义的混淆,以及现有的错案问责制度,我们还可以将鸡蛋脑壳的角色一般化为可能的上级问责和公众质疑。

9.4 模型的扩展

前面的模型分析了机会主义弱者的不可置信威胁在鸡蛋脑壳和第三方压力共同存在的背景下是如何得逞的,本节将扩展上述模型,讨论普通民众和政府(官员)对此可能的策略性反应。

既然机会主义弱者可以混同于鸡蛋脑壳,在一定条件下得利,普通当事人当然也可以模仿机会主义弱者。前文假设普通当事人将承受除了申诉成本 c 以外的心理成本 c',而不愿意成为机会主义者。这里引入三个因素可以改变这一点,一是如果普通当事人因为判决而一无所有,由此行为更可能具有风险偏好特征,进而申诉;二是民众的价值观或者偏好不一样,也许更可能是当事人的身份、地位,所处的社区环境等不同,模仿这种策略的成本 c' 存在差异,从而有的人模仿,有的人没有;三是当更多的人成为机会主义者时,心理成本 c' 将下降乃至消失。由此得出:

命题 3:机会主义弱者策略的成功起着挑战既有法律体系的示范作用,普通民众的模仿会进一步降低,甚至部分摧毁法律或制度体系的威慑功能。

不仅普通民众会有策略性反应，执行官员同样如此。在命题2中，当官员的先验概率 $p \leq \frac{g+h}{g+H}$ 时，仍然可能发生鸡蛋脑壳自杀，从而官员有被问责的风险。尽管在图9－2中未明确标示，但对鸡蛋脑壳的裁决事实上是在图9－2博弈发生前由官员先行动的，官员如果预期到这种情况的发生，那么，作为风险规避者，在更改判决的成本，即法律制度扭曲的成本不由官员本人承担的情况下，官员一开始就可能策略性行为，抱着息事宁人的态度相机解决问题。现实中，一项公正裁决的收益是彰显制度对人们行为预期的影响，这种外部性收益并不完全为执行官员所收获，但他却可能承受鸡蛋脑壳带来的风险和机会主义弱者纠缠的成本，这将增加执行官员息事宁人或特殊照顾的动机。现在中国悄然兴起的刑事和解，即被告量刑将以其对原告的民事赔偿作为参考（陈瑞华，2006，2007），这种原告、被告和法官共同决定量刑标准被认为是一种自发的，渐进式的制度创新，被称为“合作性司法”，但本质上它的出现与在中国特定的制度、时代背景下，法官的任命制，司法所承载的政治稳定功能有关，是法官在制度约束条件下最大化自己利益，即法官并不收获刑法实施所带来的外部性的好处，却可能承担着受害者难以承受损害不断纠缠的成本而无原则让步的结果。对整个政府而言，坚持规则意识，坚持法律制度的统一执行，其收益不再是外部性，所以它将有更大的动机坚守制度的公正和权威。因此，它会将公正裁决作为一种考核指标来激励下层执行官员。但另一方面，如前面的分析那样，即使是对整个政府，在其权力受到约束较小的情况下，为了获得灵活性，迎合民意，保持政治稳定，它也可能对具体事件相机抉择，忽视坚守制度程序所带来的长远利益。这种矛盾的态度使执行官员事实上面临着尴尬的权衡。总结

如下:

命题4:因为维护制度、程序公正的收益对于任命制下的执行官员属于外部收益,因此,他有更大的动机一开始就扭曲制度的执行,从而使制度形同虚设。

前面讨论的是只有一个当事人与官员博弈的情况。引入原被告双方以后,法官让步,修改裁决,在零和博弈下这种修改后的成本是由另一方直接当事人来承担的,另一方就可能据理力争,甚至也扮演机会主义弱者形象,竞争性地争取对己方有利的结果。此时,法官单纯的让步策略就会面临一个困境。这在民事案件的司法判决中经常出现。实践中法官通常有两种策略应对,一种是通过当事人的行为和身份来判断,哪一方更可能是鸡蛋脑壳,或者作为机会主义弱者给自己带来的预期成本更高,就相对偏袒哪一方,所谓“爱哭的孩子有奶吃”;另一种是法官利用双方难以准确预期判决结果,事先对败诉的一方夸大不利结果,对胜诉的一方降低其有利结果的预期。这种近于欺骗的办法使双方在事后都能获得“消费者剩余”,所以常常奏效。它在近年来和谐背景下司法系统被要求增加和解率,法院的司法调解中应用很多。由此,这种息事宁人,具体问题具体解决的方式成为一种司法艺术。

命题5:在当事人竞争性地获取于己有利的裁决结果时,法官将采取各种策略息事宁人,平衡各方利益。但当前正在兴起的这种司法模式很大程度上忽略了法律影响将来人们行为预期的外部性收益。

进一步,预期到与鸡蛋脑壳、机会主义弱者、将被法官偏袒的一方发生纠纷会面临对己不利的裁决,另一方就会避免与对方发生纠纷。或者不与其交易,或者在交易中尽量出让而不是剥削对方利益。而被偏袒的弱者一方可能得寸进尺,无视规则制度的约束。例如，目前普遍存在的行人常常无视红绿灯，任意横穿马路；非机动车占用机动车道造成交通拥堵；部分以弱者形象出现的未成年人、妇女、老人，试图利用其身份在各种情景中获利等。

如果太多的人加入到机会主义队伍，第三方就会调整自己对事件中弱者身份的判断和对非政府一方的支持，前面假设民众无条件支持非政府一方不再成立。它起到的作用是 H 将以一定概率实施，而 p^* 与 H 成反比，法官让步的区间会因此缩小。

9.5 结　语

在信息成本高昂的现实中，信任是一种有价值的稀缺资源。正是由于民众的不信任，才使以社会政治经济稳定为目标，法律执行为手段的政府及其执行代理人可能向机会主义弱者妥协。机会主义弱者策略的成功引发了各方的策略性反应，藐视规则、机会主义、息事宁人等社会怪现象由此而生。而民众的不信任又来源于政府作为一个多目标组织必然会考虑到法律制度以外的其他社会、政治和经济后果，从而在缺乏有效约束下超越法律相机抉择。要解开这个死结，政府必须做出可置信的承诺，将其他目标与法律制度的功能区分开来。

尽管笔者重点以法律制度的执行作为研究对象进行讨论，但它同样适用于非法律的一般制度的执行。虽然一般的组织不必看重社会政治经济稳定的宏大目标，但是，只要制度执行收益是外部的，而被当事人纠缠、第三方问责的成本却是内部的，他就可能向机会主义弱者妥协。现代网民、媒体无原则的偏袒“弱者”，本身实际上也在助纣为虐（朱大可，2006）。有趣的是，作为当事人的机会主义弱者采取策略为己牟利的后果可能是带来对身在其中的整个弱势群体不利的外部性,因为强者的一味妥协成为共同知识后,按规则处理作为一种信号的功能就会丧失。典型的就是当前大学生成绩“通货膨胀”,论文通篇一律甚至抄袭也能顺利通过带来文凭的贬值。而强者一方时而不得不无原则让步也让他难以树立一以贯之的声誉,当他放弃建立声誉,别人对他的不信任又会进一步加强,由此造成整个社会声誉不行,机会主义泛滥。这是现代社会信息传播渠道增加,速度加快,但准确性并不能跟上带来的后果。

10. 执法不公与守法激励

制度的执行是通过强加给那些违反制度的人们以成本,而给将来人们做出是否要违反制度的决策时可能受到惩罚的预期,促使人们对制度的遵从。但在现实生活中,我们常常观察到许多制度的执行并不公平,执法者在明知多人违规的情况下,仅只惩罚了部分违逆者,或者同样的违规行为,惩罚却因人而异,“法不责众”“杀鸡儆猴”就是对这类执行方式的一个侧面描述。一般制度执行可能如此,法律作为一种特殊的制度安排,因为种种原因其执行也有这种情况。如果法律执行不公平,人们还会尊重并遵守法律吗?对不同的不公平执法模式,人们的反应是否不同?笔者试图排除心理因素,在主流的理性决策背景下研究人们可能的行为变化。

10.1 文献综述

现有的执法理论是在 Becker(1968)的执法成本与违法损害之间边际权衡的命题上发展起来的。执法成本主要包含两种:一种是为了发现谁是违法者而在侦破、逮捕上的警力投入,以及法庭审理、证据鉴别等成本投入(可总称识别成本);另一种是最后对违法者的惩罚成本,特别是监禁引致的成本。因为识别成本的存在,违法者只是以一定概率受到惩罚,人们将在违法收益和可能的处罚之间做理性权衡。后来的最优执法理论在社会福利函数中明确考虑到了违法者收益和损失,执法者与违法者的博弈(Polisnky & Shavell,2000),以及这种博弈当中的复杂变化,如边际威慑(Stigler,1970;Shavell,1992),一般执法与特定执法(Shavll,1991),严格责任与过失责任(Shavell,1980)等。除考虑执法者的渎职,违法者与执法者之间串谋的文献之外(Becker 和 Stigler,1974;Shleifer 和 Vishny,1993),所有的讨论都是以识别成本导致执法者不知道违法者是谁为前提的,因为执法者知道违法者,但纵容而不惩罚,这在不考虑执法者渎职的情况下是与立法初衷相违背的,因而是不可思议的。故主流的执法理论是以公平执法为前提来讨论人们违法还是守法的选择的。但现实中相反的情况确实存在,戴治勇和杨晓维(2006)将执法者明知谁是违法者,但为了获得灵活性,执法者根据情势变化决定什么时候执法,以什么手段和名义执法称作选择性执法,这种不公平执法如何深刻影响人们的预期和行为,乃至对法律的遵守是本章讨论的重点。

传统经济学对公平讨论甚少,主要是把它作为一个规范概念而将其排除在实证研究之外。行为经济学则强调了公平观对人们日常行为的影响。Rabin(1993)在 Geanakoplos、Pearce 和 Stacchetti(1989)的基础上认为参与者的支付不仅依赖于他们的行动,还依赖于他们的信念,从而将传统的"物质博弈"(material game)发展为心理学博弈。即把人们的公平观模型化为友好函数,并将其作为参与者事前博弈的主观效用函数的组成部分,认为公平观会影响人们的行为选择。在这个框架下他证明了三个事实:(1)人们愿意放弃自身的物质利益来帮助那些友善的人;(2)人们愿意放弃自身的物质利益来报复那些不友善的人;(3)当所放弃的物质成本变小时,上述两种动机对人的行为具有更显著的效应。尽管 Rabin 讨论的是互惠或互损的交易,但其框架也可以类似地用到对制度的公平执行当中。不过与 Rabin 在局部均衡下讨论的交易不同的是,制度的执行大都具有很强的外部性,不公平的执法模式往往是这种外部性或其他因素造成的,尽管"上有政策,下有对策",当上面的"政策"并不由下面的"对策"简单决定。因此,笔者后面的讨论主要是基于执法模式既定的情况下人们可能的策略性反应。

10.2 模 型

假定有 N 个人(或企业),其中 M 个是违法者,这些违法者中有的严重违法,有的不严重,执法者知道谁是违法者,而且上述信息是共同知识。由于本章不明确考虑的其他因素,如法律本身过于僵硬,严格执行反而有害,或者政治稳定、上级指示、民族团结的要求等,执法者根据情势不同而采取不同的执法模式,人们观察到这种执法模式,从而以不同的策略应对。与主流执法理论不同,这里主要不是考察执法者与违法者之间的博弈,而是考察执法模式不变的情况下违法者或守法者之间的博弈,即这里类似于讨论多个代理人相互作用的机制设计问题。

为了讨论方便，下文以追求利润最大化而违法的企业为例。遵从以拟线性函数形式简化分析的传统，得到企业利润 π_i 是违法数量 h_i 的增函数（间接利润函数），且 $\pi' > 0, \pi'' < 0$。假定对违法的执行方式是以执法者查获后进行罚款的方式来执行的，设识别概率为 p，罚款 f 为违法数量 h_i 的函数，$f'(h_i) > 0, f''(h_i) > 0$。在本章讨论的背景下，识别概率 $p = 1$（企业违法无法隐藏），再假定对任意 h_i 都有 $f(h_i) \geqslant \pi(h_i)$（后文根据讨论需要对此假定有所放松），则企业在面对有法必依，执法必严的执法模式下选择 $h_i = 0$。

1. 不执法（法不责众）

给定执法者选择不执法，在企业追求利润最大化的情况下，违法企业选择 $\frac{d\pi_i}{dh_i^*} = 0$。如果企业的违法行为与企业的合法生产紧密相关，违法能够降低生产成本，比如放任环境污染，而消费者不能区分违法企业和守法企业之间的产品差异，在竞争性环境下对其支付相同的价格，则只有市场需求非常大，违法企业产出不能完全满足，生产相同产品的守法企业与违法企业才能共存，这时违法企业享有不承担满足法律标准额外成本的租金；而当市场需求较小，守法企业由于要承担额外的成本可能无法生存。在执法者执法选择为共同知识的情况下，守法企业的理性选择是要么退出这个行业，要么也违法。不仅如此，这个市场的潜在进入者没有进入的原因可能就是如果要承担法律规定的额外成本而无法盈利，既然法律没有得到执行，这种盈利前景将诱使其进入违法市场。在市场需求既定的情况下，违法者越多，相应的供给量越大，守法企业生存就越加困难，最后的结果是所有在位企业都违法。

这种情形在地方政府追求经济发展而忽视环境污染，企业生产安全,产品质量监督,本地企业对其他地方企业知识产权的侵犯,甚至偷税漏税等情况时都可能出现。而市场对盈利机会的追逐必然导致违法行为的蔓延,当几乎所有人都成为违法者时,惩罚所有人往往不是政治上的明智选择。这将加剧违法行为的泛滥。最后,两种情形可能出现,要么制度改变,将违法行为合法化,这是德.索托(2005)对许多无效率制度演进的倡议;要么重树法律权威,不过在政治因素考虑下时机的选择是很难的。

2. 等概率执法

这种执法方式主要是从理论角度来探讨的,现实中很少见。执法者随机从违法者中抽取一定数量进行惩罚,违法者预料到这种执法方式,选择相应的违法水平。这里需要讨论的是将这种随机执法方式与最优的随机执法方式进行比较。在最优执法中,被罚概率的大小受识别成本约束,这里则由惩罚比例或数量决定。最优执法中,尽管执法投入受制于预算约束,但违法者的增加可能内生地引致执法投入增加;尽管执法技术在短期内可视为不变,但对个体违法者而言,这种惩罚概率还取决于自己隐藏的技术,即最优执法中存在违法者的自选择。而在等概率执法中,如果执法者事先决定惩罚数量而不是比例,这种情况将导致违法者受罚概率随着违法者数量的增加而减少。预期到这一点,违法者数量越多,等概率执法的威慑效果就越差。守法者预期自己加入违法队伍受罚概率会进一步降低,将更有动机选择违法。

3. 杀鸡儆猴

抓典型进行惩罚以儆效尤是应对普遍违法最常用的方式,也是权衡政治得失以后最可能利用的办法。假定执法者将惩罚违法水平最大的企业,违法水平相同的情况下随机惩罚,在这种执法方式为共同知识的情况下,违法者进行博弈。与拍卖理论类似,讨论可以分为完全信息和不完全信息进行。

A. 完全信息

完全信息条件下，企业的间接利润函数为共同知识，则：

$$U_i = \begin{cases} \pi(h_i) - f(h_i) & h_i > \max\limits_{i \neq j} h_j \\ \pi(h_i) & h_i < \max\limits_{i \neq j} h_j \\ \pi(h_i) - \dfrac{1}{\#(j:h_i = h_j)} f(h_i) & h_i = \max\limits_{i \neq j} h_j \\ 0 & h_i = 0 \end{cases} \tag{1}$$

在完全信息条件下，杀鸡儆猴的执法模式有两个可能的纳什均衡：要么都不违法；要么存在$\#^*$，$\pi(h_i) - \dfrac{1}{\#^*(j:h_i = h_j)} f(h_i) > \pi(h_k)$，且$\pi(h_i) - \dfrac{1}{\#^*(j:h_i = h_j)+1} f(h_i) < \pi(h_k)$，其中，$h_k < \max h_j$。

证明：假定其他企业都守法，一个企业违法必定受罚，而受罚后收益为负，则给定其他企业守法策略不变的情况下这个企业也应该守法；如果存在$\#^*$满足$\pi(h_i) - \dfrac{1}{\#^*(j:h_i = h_j)} f(h_i) > \pi(h_k)$，且$\pi(h_i) - \dfrac{1}{\#^*(j:h_i = h_j)+1} f(h_i) < \pi(h_k)$，则选择最大违法数量的企业没有动机偏离到其他的违法数量，而选择其他违法数量的企业也没有动机偏离到最大违法数量。可以发现，其他策略组合都有偏离动机，不能成为纳什均衡。

如果执法者不是选择惩罚最大的，而是惩罚违法水平最大的前 λ 个，结论没有根本变化。即要么都不违法，要么可能存在一定数量的违法。

仅只惩罚最大违法者可能起到“杀鸡儆猴”的作用，让所有人都守法。正是这种可能的存在，使它成为权衡政治得失以后的有效执法模式。不过,如前所示,它也可能面临多个违法者同时出现的尴尬局面,导致“杀鸡”不能“儆猴”。多个纳什均衡的出现常常是人们质疑博弈方法推测不精确的理由,对此的回应一般是博弈论没有考虑到的其他外生因素在起作用。这里,多个违法者同时出现更可能是违法者串谋的结果,而串谋更多的发生在长期关系中,故“杀鸡儆猴”作为一次性的执法模式往往收到奇效,重复地使用则常常失败。

最后,如果不同的违法者违法收益不同(异质性),有的违法收益大于违法惩罚,则与命题1不同的是,这时纳什均衡只有一个,即所有人都违法。因为违法收益大于违法惩罚的必定违法(选择均衡数量的违法),其他的人只需要选择比其均衡违法数量稍低的违法数量即可。

B. 不完全信息

如果同样的违法损害给违法者带来的收益是不同的,而法律规定的惩罚只是一般均值意义而言的,可以预期,这时杀鸡儆猴的执法模式不如前者有效。为了分析方便,假定第 i 个企业现在的违法收益为 $k_i\pi(h_i)$,对任意 i,k_i 在$[0,K]$上独立同分布,且分布函数为 $F(k_i)$,k_i 的取值为私人信息,分布为共同知识。假定收益参数 k_i 越大,选择的损害 h_i 也越大,再假定当 $k>k^*$ 时,$k^*\pi(h)>f(h)$,企业必定违法。与对一级密封价格拍卖讨论类似,不失一般性,假定第1个企业为最大违法者,其他企业违法的最大数量为 H_1。那么需要讨论的只是当 $k_1<k^*$ 时,企业1利润最大化的选择:

$$\max_{h_1}:P_r(h_1\geqslant H_1)[k_1\pi(h_1)-f(h_1)]+[1-P_r(h_1\geqslant H_1)]k_1\pi(h_1) \tag{2}$$

分析可知,由于 $k_1<k^*$,$P_r(h_1\geqslant H_1)=P_r(k_{-1}<k_1)=F$

$(k_1)^{M-1}$，即第 1 个企业受到惩罚的条件是其他违法企业的利润参数也都小于 k_1。对上式求导得：

$$k_1\pi'(h_1) - F(k_1)^{M-1}f'(h_1) = 0 \tag{3}$$

因此，最优违法数量为以上微分方程的解，二阶条件保证上式存在内点解。故在不完全信息条件下，企业 1 的最优选择是 $h_1 > 0$。由对称性，所有企业都将选择违法。

在不完全信息下，即使所有企业受到惩罚后收益为负，但如果只是可能受到惩罚，这种可能将随着违法者数量的增加而减小，最优选择仍然是根据私有信息选择一定程度的违法。结果，"杀鸡"完全不能"儆猴"。

综合以上两种情况，"杀鸡儆猴"的执法模式要达到既定效果是有条件的，而这种条件在现实中很难满足。一次性的实施更容易面对不完全信息的困境，重复实施又会面临违法者之间串谋的另一种困境。既然"杀鸡儆猴"的效果很差，为什么现实中它却频繁使用呢？原因可能是惩罚标准不仅仅是这里讨论的违法严重性，而是其他因素。比如惩罚那些拥有政治背景，在公众看来惩罚可能性低的对象会得到更多的政治宣示效果。

4. 惩罚最小

这是最不公平的执法方式。由于违法数量越大，收益也越大，如果越不容易受到处罚，必将导致人们争先恐后的违法。这种情况看似不可思议，但现实中并不是不存在。执法者所以惩罚一些不重要的违法者，往往是由于一方面不得不执法，这可能是来自上级指示，也可能是来自民众的压力，另一方面，违法严重的违法者或者有深厚背景导致执法代理人不敢执法，或者是由于违法数量大的违法者与执法者之间串谋，利益共享，有长期关系。对于前者，违法者之间的异质性导致不公平执法，并不会引起其他违法者的效仿;对于后者,惩罚与否更多是与串谋有关,而不是违法数量大小有关。对于串谋的讨论文献已经非常多(Stigler,1970;Tirole,1992),这里不再做深入讨论。需要指出的是,考虑到串谋的可能性,它将进一步弱化这里讨论的所有不公平执法的执法效果。

5. 惩罚力度与违法数量(严重性)不匹配

这又可分为四种情况。第一种是惩罚力度小于违法收益,这会鼓励违法;第二种是无论违法严重与否,惩罚力度相同,这将鼓励违法者更严重地违法;第三种是惩罚力度与违法严重程度成反比,这无疑是激励人们犯"重罪";第四种是惩罚力度与违法严重与否完全无关,任意的执法使人们无所适从,有迹可循的执法则使人们选择使其期望收益最大的违法水平。

本章讨论的执法不公主要集中在相同违法的不同惩罚上,不同的违法,损害大小不同而惩罚一样,或者损害大小一样而惩罚不同也导致不公平。这种不公平在人们可以任意选择违法种类时将导致不同违法均衡数量的改变,如果某些违法只能特定的职业、身份才能选择,由于进入障碍,这种不公平就不会影响人们的违法选择。

6. 动态不公平

这里的动态不公指的不是诉讼时效引起的部分法律责任免除,也不是指法律改变前后处罚方式和力度的改变,而只是因为时间不同惩罚也不同。如严打、年关、民选时期的处罚与平时处罚的差异。如果这种动态不公平是可准确预期的,违法与否是自选择的;如果动态不公平不可准确预期,违法选择由期望效用最大化决定。从重处罚的预期加大了期望成本,有助于减少违法数量。

10.3 扩展和应用

制度的目标不仅可以通过惩罚的威胁达到,也可以通过正面激励的方式达到。由于除政府外,其他主体不拥有合法使用暴力的权力,而且代理人往往存在财富约束,因此,避免或减轻不对称信息下代理人与委托人利益不一致时代理人的道德风险,更多的是采取正面激励而不是惩罚的办法。

激励理论是当代经济学发展最重要的领域。已有的理论都暗含着一个前提,基于可观察且可证实的变量进行激励是由第三方(法庭)保证实施的,如果激励基于的是不可证实的变量,则关系型合同的声誉是其执行的保障。但由于求助于法庭实施的成本高昂,声誉可能不可靠,以及制度的制定、执行可能也是代理链条上的参与者,其利益与组织利益不完全一致,现实中激励制度执行不公平是常有的现象。当代理人受到不公平激励时,一般并不是求助于第三方,而是策略性的应对。

代理人完成任务以后委托人食言,不兑现当初的承诺。这种食言既有直接的否认或违约,也可能是找其他借口,如产品质量问题等。在代理人求助于第三方的成本过高,委托人的声誉因此消失时,代理人以针锋相对策略应对,要么退出,要么拒绝继续合作。在许多国有企业,事业单位,事前声称的激励措施事后常常无法兑现,事实上也就取消了激励制度,“干多干少一个样”,导致效率低下。

相对于完全不兑现,部分兑现是更常见的现象。它又有很多种表现形式。第一种是以产品某些主观评价强的维度欠佳为由对奖励打折,由于事前激励安排的有效性是由参与约束和激励相容约束来保证的,折扣后的奖励必定破坏了约束条件,使代理人在未来的任务中拒绝合作。第二种兑现奖励,但只对多个代理人中的一部分兑现,这部分可能是表现特别突出的,也可能是经济条件较差的(弱者),还可能是资历较老的(先到)。奖励突出实际上就把原本是针对单个代理人的激励安排变成了锦标赛激励,但与锦标赛不同的是对承诺的输家激励不兑现,而赢家在选择自己行动是需要考虑到自己可能成为输家的,故对输家不兑现也会使赢家的期望收入减少,从而激励减弱。奖励弱者和奖励先到事实上把激励制度演变成了一种纯粹的收入再分配。而收入再分配更多的会引发寻租,而不是效率增进的行动激励。处于制度大变动的转型中国,许多激励安排,福利分配都是与身份和资历相关的。

10.4 结 语

制度要起作用的前提是它得到切实的执行。然而,现实是制度执行过程当中常常存在种种不公平,无论是惩罚性的制度安排还是奖励性的制度安排。这种不公平或者是由于政治因素,或者由于执行者的自身利益,排除心理因素,不同的不公平执行可能有不同的影响。与人们直觉不同的是,并不是所有不公平都会带来不利后果,如果违法者并不能任意选择违法种类的话,执法不公就不会影响他的行为(见前文第5类);许多不公平执法也不如想象中的有效,如“杀鸡儆猴”。

11. 收支分离与执法激励*

行政事业单位的服务大都被赋予公益性的标签,法律的执行则有公共物品的性质。通常的看法是:如果行政事业单位的收费和执法产生的罚没收入归他们自己所有,将把它们变成类似于私人的盈利性企业,产生与其职位不相称的扭曲行为;并且它们被国家授予了竞争性的私人部门所没有的权力,这将加大行为的扭曲程度。为了有效约束、控制这种扭曲,监察部、财政部、国家发展计划委员会、中国人民银行和审计署等五部委 1999 年联合发布了《行政事业性收费和罚没收入"收支两条线"规定工作的意见》。它要求行政事业性收费、罚没收入须存入财政专用预算外账户,支出再由

---

* 本章内容原文发表于《天府新论》2015 年第 5 期。原文标题为《基于执法经济学对收支分离与执法激励的分析》。

财政利用专项资金划拨,该规定试图通过收支两条线将行政事业单位、执法部门的收入与支出分离,达到依法行政、公正执法、整顿财政分配秩序,从源头上治理和杜绝腐败的目的。许多部门,包括交通部门、法院、检察院、学校、一些卫生服务机构等都实行了收支两条线的预算管理。尽管该项规定实行了十多年,但学术界对它的讨论主要限于财政和会计,研究如何更有效落实收支两条线的政策,迄今为止,还没有发现任何理论上的探讨。为什么要实行收支两条线?实行收支两条线是否能达到预期目的,乱收乱罚是否能因此能得到根本上的遏制?行政事业性收费与罚没收入应该是两种不同的预算外收入,实行收支两条线能达到同样的效果吗?我们是否应该区别对待?收支分离将怎样改变行政事业性收费和执法部门行为,面对"上有政策,下有对策",地方财政又会作何调整?本章主要讨论与罚没收入相关的执法,兼及行政事业性单位收费。笔者认为,发现并惩罚违法者是要付出努力的,而这种努力不可观察,需要监督或激励,收支两条线一方面有利于规范执法,强化监督,另一方面却使代理问题凸显,执法部门有偷懒的道德风险动机,需要相应的激励制度进行配套。由于最优执法的要求,这里面还有更复杂的成本收益权衡。现有的执法经济学在公共执法者最大化社会福利的假定下研究最优执法,却忽视了真实世界的公共执法还可能充斥着执法代理人偷懒、腐败、"钓鱼执法"等,需要相应的激励和监督。与此对应的是,行政事业性单位收费则不存在这个问题。本章安排如下:首先引入与最优执法相关的努力投入问题,这种努力在公共执法与私人执法情形下有何差别,然后围绕这一中心问题讨论收支合一与分离情况下公共执法面临的激励和监督问题,附带讨论行政事业性单位收费,最后是结语。

11.1 私人执法与公共执法

违法者违法后将面临一定的惩罚，我们假定这种惩罚是罚款，而是否被执法部门发现并处罚是以一定概率发生的，这种概率取决于执法部门发现并惩罚违法者的努力。如果罚款用 f 表示，处罚概率用 p 表示，它是执法部门努力 e 的增函数，即 e 增加，p 也相应增加，但由于边际报酬递减规律的约束，增加的程度递减，那么，违法者面临的预期惩罚就是两者的乘积，即 $p(e)f$。潜在的违法者会权衡比较违法收益与预期惩罚，如果违法收益大于预期惩罚，选择违法，反之则守法。Becker 认为，相比于其他非经济性制裁工具而言，罚款的最大优点是它仅仅转移社会财富，不会引致惩罚成本，而执法部门的努力 e 却是要耗费成本的。因此，如果适当提高罚款 f，相应减少惩罚概率 p，同时保持乘积 $p(e)f$ 不变，那么违法者面临的预期惩罚不变，但总的社会成本却因为 p 的减少，从而努力 e 的减少而减少了。从此以后，优先使用罚款这种执法工具成为最优执法理论研究的起点。

预期惩罚 $p(e)f$ 对违法者而言是一种成本，对执法部门而言却可能是一种收益。既然有利可图，执法是否可以由私人来进行？Becker 和 Stigler 最早设想法律如果由一个竞争性的市场来执行会是什么样子？这种设想初看起来令人惊异，后来的研究很快注意到无论是过往历史还是当下其实都有私人执法的影子。弗里德曼考察了古代冰岛和数个世纪以来英国刑法的私人执行，Landes 和 Posner 则注意到即使是现代的财产法、合同法、侵权法的执行，国家的作用也是消极的，私人执行才是积极的动力所在，赏金制度体现了公共执法需要私人执法的帮助，而敲诈更是私人执法的典型。

Hay 和 Shleifer 发现,当俄罗斯转型期间国家权力衰落而无力执法时,甚至有私人组织,包括黑社会来执行国家制定的法律!国内学者徐昕也讨论了当今中国存在的形形色色的私人执法。

既然法律可以由公共执法部门进行,也可以由私人来执行,那么,什么时候私人执法比公共执法好,什么时候公共执法更优?或者说它们分工的原理是什么?Shavell 认为,私人执法的最大优势来自于私人可能拥有对违法者是谁的信息。当受害者天然地拥有这种私人信息时,允许受害人获得赔偿有助于激励受害人揭示这个信息(在不付出或很少付出努力成本 e 的情况下就获得了较高的惩罚概率 p)。而当私人不具有这个信息优势时,公共执法可能就更好。在刑事案件中,受害者或者已经死亡,或者不知道蓄意的加害人是谁,而特定侦查手段获取信息要求的投资可能很大,比如指纹识别系统,再加上信息获取甚至需要强制或暴力的帮助,而这些努力投入存在经济学上的规模经济,这时公共执法就更有优势。

私人执法的另一个问题是多个私人执法部门竞争性地惩罚同一个违法者以获取执法收益时,重复的执法投入可能是一种浪费。但为什么不可以将这种执法权力授予一个垄断的私人执法部门来避免这种状况呢?Landes 和 Posner 详细分析比较了竞争性市场上的私人执法、垄断市场的私人执法和公共执法,他们认为从社会成本的角度,私人执法非最优的最大问题不在于执法投入的重复浪费,而在于从社会的角度和从私人执法者的角度,惩罚概率与罚款之间的权衡是根本冲突的。前面已经证明,从社会的角度,最优的执法要求罚款与惩罚概率是一种反向关系,即提高罚款,降低惩罚概率,保持预期惩罚不变的情况下却能节省执法投入带来的成本。Becker 强调,在违法者财富有限的约束下应该优先将罚款升至最大,即违法者财富的全部,从而最大限度地降低惩罚概率引致的执法投入成本。① 但这种罚款与惩罚概率的权衡与私人执法者追求执法利润最大化是不一致的,因为罚款越大,执法收益就越大,从而私人就有更大的动机追加执法投入以提升惩罚概率,获得罚款。这无论对竞争性的私人执法者还是对垄断性的执法者而言都是如此。这意味着在私人执法下,由于私人执法者追求执法利润最大化,罚款与惩罚概率是一种正向关系。

那么,如果法律由公共执法部门来进行又如何? 现有的文献武断地假定公共执法者将追求社会福利的最大。因此,罚款增加并不会引致努力的增加。也许这种假定源于经济学家对现实的观察或猜想,公共执法部门并不能将罚款据为己有,执法代理人的收入与罚款可能不相关。但如果罚款不为公共执法部门所有,在没有激励、没有监督的情况下,公共执法部门为什么还要付出努力执行法律? 毕竟努力带来的成本是由他自己承担的。如果公共执法部门有权拥有全部或部分罚款收入,它又可能过度追加努力。结合中国的现实,以下将从收支合一和收支分离两方面讨论公共执法部门的激励问题。

11.2 收支合一下的公共执法

当收支合一下的公共执法部门有权拥有罚款收入时,在一定程度上,公共执法部门就演变成了私人执法者,而且是垄断的私人

① 考虑到监禁有成本,在财富约束下,只有在罚款达到财富上限以后才应该考虑使用监禁。提高监禁,同时降低惩罚概率,保持威慑不变也能达到节约社会成本的目的。但降低惩罚概率的同时,也降低了先前优先使用的罚款的概率,从而威慑降低,故监禁不会像罚款那样达到最大。

执法者。这时,我们完全可以一个私有垄断企业的行为来理解公共执法部门的行为。垄断的执法企业面临着向下倾斜的违法需求曲线,即预期惩罚越大,违法需求越小,从而有向下倾斜的边际收益曲线。垄断者发现并惩罚违法者的努力受到边际报酬递减规律的制约,即有向上倾斜的边际成本曲线。最大化利润的垄断企业将在边际收益与边际成本相等时达到利润最大,即罚款收入与执法努力引致的成本之差最大。考虑到垄断者面临的违法需求曲线向下倾斜,相比于竞争性企业而言,垄断者执法的努力投入会相对较小。

作为最大化执法利润的垄断企业,为了激励雇员积极发现并惩罚违法者,并防止他与违法者串谋,将罚款收入据为己有,企业会采取相应的激励、监督机制。如将雇员收入与其缴获的罚款收入挂钩,引入监督者对雇员的努力进行监督,对难以监督的雇员实行效率工资,对腐败的雇员进行处罚等。现代的公司治理制度在这里都可能得到利用。

进一步,垄断的公共执法部门追求执法利润的执法权力在没有有效监督的情况下,他甚至有动机去引诱潜在的违法者违法,以收取罚款,或者捏造罪行,敲诈、冤枉无辜者;在可以阻止违法者的情况下坐视违法者违法,以收取更多罚款。还可能发生的是,为了避免因为执法带来违法需求下降引致罚款收入的减少,执法部门还可与长期违法运营的违法者达成默契合谋,以牺牲社会福利为代价收取稳定的罚款或贿赂。因此,这些因为盈利带来的执法部门的渎职、违法行为还需要其他的执法部门来监督。不过,正如 Shleifer 和 Vishny 指出的,执法者与违法者利益冲突的腐败行为比利益一致的串谋行为更容易被一方举报,从而更容易被发现,因此,主要需要防范的是执法部门为违法者长期提供保护伞,收取保护费的腐败行为。

如果法律本身无效率,在执法收入与执法者利益不相关的情况下,执法者很可能自由裁量不执法,当然也可能选择性的惩罚部分违法者,如学者曾经讨论很多的春节期间禁止燃放烟花爆竹的法规。但是,对于收支合一的垄断执法者而言,它将有动机执行一切制定的法律,甚至在"违法者"信息匮乏的情况下执行已经失效的,甚至根本不存在的法律。①

最后,与私人执法者的自负盈亏不同,作为"国有企业"的公共执法部门还可以夸大支出项目,向政府索要补贴。因此,国有企业的一些弊端,如冗员众多、低效率、缺乏监督等都可能出现。

11.3 收支分离与执法激励

在讨论收支两条线下的收支分离之前,我们需要先讨论收支合一与收支分离之间的中间形态。那就是与收支两条线一样,执法部门无权拥有罚没收入,需要将得到的罚没收入全额上缴,而支出则由财政部门划拨。但收支两条线还要求违法者的罚没收入不缴纳给执法部门,再由执法部门上缴给上级财政部门,而是执法部门只开具罚单,违法者凭借罚单将罚款直接交给财政部门指定的专用账户。为了讨论实行收支两条线的必要性,我们需要研究中间形态与收支两条线在实践中的区别及其行为含义。

(一)中间形态

如果违法者的罚没收入由执法部门收取后转交给上级财政部门,那么,上级财政部门对于执法情况就所知甚少。它既不知道执

① 与后文分析的行政事业性单位可能的乱收费对应。

法部门付出了多少努力去发现并惩罚违法者，甚至连实收罚款的构成，实收罚款的多少它也不清楚。这时，上级财政部门如同公司的股东一样，对企业的收支情况只能被动地由内部人报告，而这种报告常常有虚假的成分在里面。当然，财政部门可以聘用第三方的审计部门对其进行审计，但由于罚款不像企业的账目，基本都是企业之间的账务往来，罚款往往是众多单个的违法者缴纳给执法部门，如同依赖现金交易的地下经济一样，这无疑大大加深了审计监督的难度。所以，这时的收益操纵相比于企业而言更加突出。

由于执法部门缴纳给上级财政部门的罚款如果小于上级财政部门拨付给执法部门的支出就意味着财政补贴，那么预算约束下的财政部门就有激励审计执法部门的执法收入情况。假定审计能够查知执法部门是否隐瞒罚款收入，但由于审计监督成本很高，那么审计并不是一定进行的。就好像企业的债权人在债权有保障的情况下不会干预企业运营，只有当正常的债务偿付出现问题，债权人才有激励审计、干预企业决策。上级财政部门在这里就好像一个债权人，如果需要财政补贴，或者财政补贴过大，它就有激励进行审计监督。预料到这一点，执法部门将根据违法情况来调整自己的执法投入努力。当审计门槛较低，财政部门试图分享部分执法收入，归属于财政部门的罚款低于一定限值它就要监督，这时执法部门相当于需要与财政部门对执法利润进行分成。在不考虑风险态度的情况下，分成制会一定程度上减弱执法部门的努力。当审计门槛较高，财政部门只是在财政补贴过多的情况下才进行审计，这时执法部门不仅可以获得执法利润，甚至还可以获得一定财政补贴。当审计成本太高，以至于基本不可能搞清楚执法部门究竟有多少执法收入时，就相当于审计门槛无限高，执法部门的行为就与前面分析的私人的垄断执法者相同。因此，根据审计成本的高低，财政部门审计监督的难易和积极性，中间形态的公共执法部门兼有私人执法和下面将要讨论的收支两条线下的公共执法的特征。

由于收取的罚款被要求转交给上级财政部门，审计监督又有一定困难，可以预料的是，在中间形态，腐败更容易发生。有意思的是，腐败发生的频率与审计监督可能有一种非单调的关系。没有审计监督，执法部门可以像私人执法者那样自由地占有收取的罚款，不存在执法腐败；审计监督很严，执法腐败很容易被发现并惩罚，执法腐败也很少。而介于两者之间的一定频率的审计监督，却很可能存在执法腐败。因此，以审计监督的频率为横轴，腐败发生频率为纵轴，很可能得到的是一条倒 U 型的腐败发生曲线。

(二)收支两条线

收支两条线的最大好处就是财政部门现在能够容易地观察收缴罚款的情况。相比于中间形态，财政部门拥有的关于执法情况的信息更多。但知道罚款的收缴情况仅只是相当于知道了一个企业的产出，执法企业的投入情况如何，使用的技术如何，财政部门仍然不知道。收支两条线实施的目的就是增加上级财政部门的信息，从而有利于监督。但执法部门仍然拥有一定的其他私人信息，会给监督增加难度。这是本节分析的重点。

为了分析的深入，让我们进一步引入执法者的能力问题。有的执法者善于总结经验，办案经验更丰富，付出同样努力的情况下发现并惩罚违法者的概率更高。执法者的能力参数我们用 θ 来表示，那么现在违法者被罚的概率就是 $\theta p(e)$，预期罚款就是 $\theta p(e)f$。所以，这时罚款收入既决定于执法者的努力投入多少，还取决于执法者办案能力的大小。无论是努力的投入还是执法的能力，都只有执法者自己知道，财政部门不知道。这时高能力的执法者就可以利用自己的私人信息伪装成低能力的执法者,减少执法努力投入,节约私人成本,这种行为通常被称为逆向选择。因此,在这里就存在两个问题:一个是由于执法部门努力不可观察引致的道德风险,即执法者可能偷懒,需要激励或监督的问题;另一个是执法者能力不可观察引致的逆向选择问题。而且,由于公共执法部门与上级财政部门重复打交道,这里还会涉及因动态问题引起的复杂性。

1. 道德风险

执法部门收缴的罚款多少既与执法部门付出的努力多少相关,还与一些执法部门无法控制的随机因素有关,如违法需求的大小、违法者规避惩罚的努力、受害者或目击者的举报意愿等。在收支两条线的制度安排下,如果财政拨付给执法部门的支出与上缴的罚款不相关,也就是执法部门的收入与产出不相关,那么在努力不可观察的情况下执法部门就没有动机激励执法代理人努力执法。当财政部门责问罚款收入为何过低时,执法部门可以用现在公众更加遵纪守法等理由来搪塞。除非有违法情况的大变动,如违法的泛滥、公众的质疑,财政部门很难对执法部门的行为绩效进行否定。面对这种情况,财政部门有何对策?财政部门可以同时设置两个或两个以上的公共执法部门,让它们之间进行执法竞争。中国国有企业改革成功的其中一个要诀就是在不改变产权的前提下分拆以前的垄断机构,让它们相互竞争,如电信行业、石油行业、航空行业等。这种行业内部的市场竞争会提供一种标尺,揭示隐藏的行动信息。但遗憾的是,这在执法领域是不适用的。同一地区设立两个或两个以上的部门征收相同项目的罚款,将导致执法努力的重复投入,而且它激励执法部门追求罚款最大带来努力的大幅增加与前文分析的最优执法要求罚款和努力投入的反向关系是矛盾的。但如果仅依赖一个垄断的公共执法部门又面临它可能偷懒,造成巨额财政补贴的问题,现实中的解决办法常常是罚款的全额返还或部分返还。这种罚款的返还制度一直广受诟病,因为它似乎一定程度上又把公共执法者变回了追求罚款最大,从而行为扭曲的拥有公共执法权的私人执法者。而且,在罚款返还的诱导下,执法部门将把最优质的执法资源配置到罚款返还最多的违法行为中。比如,经济类犯罪的违法收入可以部分返还给检察院,检察院的检察资源就更可能向经济类犯罪倾斜,而忽视其他暴力型犯罪。

与收支合一的私人部门、中间形态不同的是,这里的全额返还或部分返还存在跨时期的承诺问题。即当罚款收入比较高时,财政部门可能违背当初全额返还或比较高的比例返还的承诺,其理由非常正当,执法部门没有权力拥有这笔收入。事先预料到这种承诺的不可置信,执法部门就不会投入很高的努力去收取太多的罚款。尽管这种承诺不符合追求动态执法利润之和最大的目标,一定程度上降低了公共执法部门付出执法努力的激励,但却是符合最优执法的要求的。所以,不可置信的全额返还和部分返还,相比收支完全不相关的制度有一定的激励作用,但却是一种有缺陷的激励制度,而这种折中的激励安排在执法这个特殊领域却是很有价值的。它不是最优的,但很可能是次优的。这正是我们在现实中最惯常看到的激励制度。

前面讨论的是财政部门与公共执法部门之间因为道德风险产生的制度含义,接下来我们讨论执法部门与其雇员,即具体的执法代理人之间因为道德风险产生的制度含义。罚款的全额返还或部分返还给了执法部门一定的动力,它然后再激励执法代理人努力执法。执法代理人的努力对执法部门而言也是不可观察的,为了激励执法代理人,执法部门可能安排执法代理人的收入与执法代理人收取的罚款挂钩。但这种挂钩扭曲了公共执法罚款与努力反比例关系的初衷,为了减少这种努力,可以对执法部门内部采取的激励执法代理人的制度安排进行一定限制。如只能实行固定工资制,不允许其收入与征收的罚款有过于紧密的联系。不过这些限制带来的后果又可能是执法代理人完全没有了执法的激励,这时,也许在固定工资的基础上向其分派一些固定数额的任务可能是必要的。在现实中,我们经常见到一些执法代理人一定时期有些固定数量的执法任务,例如,征收多少罚款,或者处罚多少人次等。这种固定数量的任务有它的好处,它使违法者具有了一定被罚的概率。但由于总的违法需求会随着环境的变化而变化,那么要保持一个处罚概率不变,这个数量就必然需要跟着调整。当违法需求意外减少,或者取证困难带来执法难度增加,固定的执法数量要求将使执法代理人苦不堪言,这时执法代理人可能会用上各种手段,比如"钓鱼执法"、悬赏寻找线索等。而当违法需求意外增加时,固定的执法数量又可能显得过少,使得被罚概率过低,这又进一步提高了违法的需求量。这里,我们见到了第二个在一定约束条件下有缺陷的激励制度。

这些有一定限制的激励措施一方面试图保持一定的执法力度,另一方面又试图不让执法代理人因为追求罚款最大而过度执法。但拥有执法权的执法代理人如果能将罚款收归己有,同时又不被发现的话,他仍有很强的执法动机。这在前面讨论的中间状态尤其突出,因为即使是执法部门也无法完全监督罚款过程当中的每一笔交易。在收支两条线中,执法代理人没有权力直接收取罚款,很大程度上避免了这种状况。但执法代理人为什么不可以跟违法者进行交易,以少收罚款为条件不开具罚单而直接收取现金? 这是一种执法腐败行为,可以采取两个或两个以上的代理人同时执法,通过增加执法成本来防止违法者与执法代理人之间的串谋,或者使用效率工资。但如果因此增加的执法成本大于了防止串谋的收益,就没有必要了。更好的办法是利用现代执法技术,比如交通违法中的电子眼,非人格化的执法防止了违法者与执法代理人之间的串谋。

2. 逆向选择

由于上级财政部门不知道执法者的能力,它仅能凭借缴纳上来的罚款推断执法能力的大小,并根据收上来的罚款多少进行再分配。可以预料的是,分税制以前中央政府与地方政府博弈的类似情形在这里出现了。1980 年以后,为了刺激地方政府税收激励,中央政府实行了以“承包”“包干”为特征的财政收支安排,并根据各省情况不同采取了多种激励制度安排,如收入递增包干、总额分成、总额分成加增长分成、上解额递增包干、定额上解、定额补助等。五花八门的财政包干制度最后的结局是双方都以财政收入下降为代价,而这期间中国的经济却一直是高速增长,原因是它们陷入了典型的囚徒困境当中,“如果地方政府不遗余力地加大征税力度,它们有理由担忧,中央会在下一轮谈判中调高他们的上缴比重。所有地方政府都知道他们与中央达成的分成合同会在几年之内重新讨论,而中央政府则背着‘鞭打快牛’的坏名声:财政收入快速增长的省份,基数可能调低,上缴比重可能调高。事先预料到中央的这种事后机会主义,地方政府的响应是自己的机会主义,即征税努力程度上留一手”。这又是一个承诺问题,是典型的动态逆向选择中存在的承诺问题。财政部门不清楚执法部门收取罚款的能力大小,但在一定程度上,它可以从以前的罚款收缴情况来推测执法部门的能力大小。前一时期较好的罚款收缴情况意味着执法部门的能力较高,反之则较低。政部门从前一时期的罚款情况推知了执法部门的能力大小,然后在下一期对高能力的执法部门要求更高的罚款收缴,对低能力的执法部门要求较低的罚款收缴。执法部门事前预期到这一点,高能力的执法者可以在第一期就减少努力,少收缴罚款,把自己伪装成低能力的执法部门,由此节省执法努力带来的私人成本。

财政部门可以试图做出可置信的承诺,在得知执法部门的能力后不对其要求更高的罚款征收,从而激励高能力执法者努力执法。其实截断财政部门对罚款信息的了解,比如前面讨论的中间形态,就是一种可置信承诺,它有利于激励高能力执法部门努力执法,而收支两条线使这种承诺不再可置信。不过如前讨论,可置信承诺下的高强度激励也许并不符合最优执法的要求。放任公共执法部门的逆向选择,在一定程度上减少高能力执法者努力的投入,这种有缺陷的激励制度与最优执法的要求反而更加一致。

11.4 可能的制度改进

如前所述,收支两条线为了方便监督,遏制乱罚款,避免公共执法部门沦为私人执法而产生。但是,收支完全分离导致公共执法部门完全失去执法的动力,因此,又有了现实中事实上的罚款分成和罚款任务摊派。比例并不固定,显得有些任意的罚款分成和罚款任务摊派是一种有缺陷的激励制度,它遭到了各方的批评和抱怨,却是当下最无奈的选择。现有制度是否还有改进的空间,本节试图利用激励理论进一步展开讨论。

罚款的执法激励面临着一个两难问题,一方面需要激励执法者努力执法,另一方面又不能使执法者为了追求罚款最大而过度执法。简单的收支合一将导致过度执法;收支分离却又导致执法激励不足。解决上述两难问题的可能的更精致的激励安排如下,执法部门首先拥有一个与收缴罚款无关的固定的运行经费,但为了避免执法者偷懒,这个经费需要略低于执法者的保留工资。另外,与现有不明确的执法分成比例不同,执法者可以获得事先约定的执法分成,但这个分成比例会随着罚款追缴数额的增加而减少,罚款超过一定数额,分成比例可降为零。

上述激励制度试图考虑和解决的问题如下:完全靠罚款来维持公共执法部门的运转会回到罚款与努力不得正相关的悖论,一个固定的运行经费保留了公共执法部门的提供公共物品的性质。但同时为了解决执法者有限制的激励问题,执法者可以获得一定的罚款分成,即产出与努力必须挂钩,但这种关联(分成比例)必须随着罚款(产出)的增加而减少,这是与现有私人部门的激励完全不同的地方。在私人部门中,为了追求利润或产出最大化,分成比例不会随着产出增加而减少,考虑到边际报酬递减规律约束,分成比例甚至可能随着产出增加而增加。

11.5 行政事业单位收费

行政事业单位收费与前面分析的执法有很大的不同,那就是执法需要付出努力去查获、惩罚违法者才能收到罚款,但人们却常常是主动到行政事业单位缴费以获得相应的服务,如向法院缴纳相应的诉讼费用。而且,前面分析的执法难题是不能过度激励执法代理人为了罚款多少而努力执法,但又不能让他们完全丧失了处罚的动机,这种看起来有些矛盾的激励难题在这里也不存在。因此,行政事业单位收费没有前面讨论的激励问题,实行收支两条线就更有利于第三方的监督。

与前面对执法的讨论一样,在收支合一的制度安排下,第三方无法观察到行政事业性单位的收费情况。这使原本是以成本补偿和非盈利为目的的行政事业性单位有动机为了自己的利益巧立名目乱收费。尽管行政事业单位的收费受到授权的国家机关、司法机关的限制,但由于这种授权使行政事业单位本身也具有了代行国家权力的权威,交费的企业、个人或者根本不知道某些项目的收费是否合法,是否被正式授权,或者即使知道也不愿意为了自己不太多的交费而开罪于收费单位引来更多的麻烦,这增加了监督的困难,使得乱收费愈演愈烈。同时,行政管理性的收费或者具有强制性,或者企业、个人对事业单位的消费具有需求上的刚性,无疑也加剧了收费的乱象。

收支分离使第三方能够容易地观察到具体的收费情况,极大地有利于节约监督的成本。同时,收费的强制性和需求的刚性保证了收入的稳定,避免了在对执法的讨论中由于执法者偷懒引致收入小于支出带来巨额财政补贴的问题。当然,总的收费仍然可能小于支出,行政事业单位过度的冗员就会造成这种情况。与国有企业改制不同,我国行政事业单位的改革一直相对落后,大量冗员极易造成收不抵支。这种更深层次的问题是财政部门所不能左右的,但这带来的财政补贴却可能是它不愿意承受的。解决的办法就是对乱收费的一定程度的容忍。因此,单单实行收支两条线,不是杜绝乱收费的可置信承诺,即使是实行了收支两条线,乱收费也无法完全杜绝。如九年制义务教育实行以后,许多中小学仍然换着花样和名目实行各种各样的收费。

对于这种价高质次的服务,经济学家建议的最好的解决办法就是引入竞争,比如弗里德曼建议在公立学校中引入教育券,竞争将消除冗员、低效率，消除财政补贴。对于有些部门，也许这是更好的解决方式。但对于那些只能实行垄断的部门，如法院、检察院，以及带有强制性的行政管理部门，收支两条线还是最好的监督方式。

11.6 结 语

收支两条线使上级财政部门拥有了更多的信息，从而有利于监督、规范行政事业单位、公共执法部门的行为，减少执法腐败和乱收费。但是，实行收支两条线以后，随之而来的却是罚款的全额返还或部分返还，以及乱收费仍然局部存在，这使收支两条线受到了很多质疑。笔者详细讨论了这种情况存在的原因：最优执法要求优先使用罚款，对公共执法实行低激励，但又不能完全没有激励，导致了现实中的有缺陷的激励制度（承诺不可置信的罚款全额或部分返还，定额的配给式执法要求，是否根据前期罚款提高第二期罚款收缴总额的承诺不可置信）和收支两条线这种监督制度并存；行政事业单位改革的滞后与财政的预算约束导致了乱收费可能继续存在。

值得注意的是，笔者主要讨论了收支两条线的“收”这部分，强调了它的信息揭示作用，而对“支”讨论很少。由于支出的最佳配置和使用需要利用支出部门的很多私人信息，第三方的过度干预是不适当的。但是，依赖财政支持的部门与依赖自己收入量入为出的私人部门肯定不同，需要更多的监督。财务公开常常是最好的监督机制，即使是这样，对不了解部门真正运作的第三方而言，许多财务公开内容所揭露的信息可能仍然是模糊的，除非有竞争性的可对比参照的部门，而正如我们前面讨论的，这往往不存在。

这时,对其支出进行一定限制,实行专项资金可能是不得已的解决办法。受到一定预算约束,公共执法部门、行政事业单位进行既有资金的最佳使用配置。例如,检察院优先把预算使用在对社会危害最大、最可能成功破案惩罚罪犯的案件上。当然,这也是一种有缺陷的制度。支出部门常常夸大自己的预算开支,而且为了第二年财政拨款不减少,如果第一年的拨款没有正常用完,支出部门常常会浪费性地将余额使用殆尽。

参考文献

一、外文著作

1. Akerlof, G. , "The Market for Lemons: Qualitative Uncertainty and the Market Mechanism" [J]. *in Quarterly Journal of Economics*, 1970, Vol. 84: pp. 488 – 500.

2. Alchian, A. & Demsetz, H, "Production, Information Costs, and Economic Organization" [J]. *In Amercian Economic Review*, 1972, Vol. 62(12): pp. 777 – 795.

3. Baumol, W. "Entrepreneurship: Productive, unproductive, and destructive." *In Soumal of Political Economy*, 1990, Vol. 98, pp. 893 – 921.

4. Bechuk, L. A. & Kaplow, L. "Optimal Sanctions and Differences in Individual's Likelihood of Avoiding Detection" [J]. *In International Review of Law and Economic*, 1993, Vol. 13: pp. 217 – 224.

5. Bechuk, L. A. & Kaplow, L. "Optimal Sanctions When Individuals Are Imperfectly Informed about the Probability of Apprehension" [J]. *Journal of Legal Studies*, 1992, Vol. 22: pp. 365 – 370.

6. Becker, G. S. " A Theory of Competition Among Pressure Groups for Political Influence " [J]. *In Quarterly Journal of Economics*, 1983, Vol. 98: pp. 371 – 400.

7. Becker, G. S. " Crime and Punishment: An Economic Approach" [J]. *Journal of Political Economy*, 1968, 76: pp. 169 – 217.

8. Becker, G. S. & Stigler, G. J. "Law Enforcement, Malfeasance and Compensation of Enforcement" [J]. *Journal of Legal Studies*, 1974, 3, pp. 1 – 18.

9. Benson, Bruce L. "The Spontaneous Evolution of Commercial Law" [J]. *Southern Economic Journal*, 1989, 55(3): pp. 644 – 661.

10. Coase, Ronald H. "The Problem of Social Cost" [J]. *Journal of Law and Economics*, 1960, Vol. 11(3): pp. 1 – 44.

11. Demesetz, H. "Toward a Theory of Property Rights" [J]. *American Economic Review*, 1967, Vol. 57(2): pp. 347 – 359.

12. Djankov, S. E. Glaeser, J., La Porta, R., Lopez-de-Silanes, F & Shleifer, A., "The New Comparative Economics" [M]. *NBER Working Paper*, 2003, 9608.

13. Ehrlich, Issac & Posner, Richard A., "An Economic Analysis of Legal Rulemaking" [J]. *Journal of Legal Studies*, 1974, 1: pp. 257 – 286.

14. Garoupa, Nuno, "The Theory of Optimal Law Enforcement" [J]. *Journal of Economic Surveys*, 1997, 77: pp. 267 – 295.

15. Glaseser, J. & Shleifer, A. "Coase Versus the Coasians" [J]. *Quarterly Journal of Economics*, 2001, 116: pp. 853 – 899.

16. Greif, A., Milgrom, P. & Weingast, B. "Coordination, Commitment, and Enforcement: The Case of the Merchant Guild" [J]. *Journal of Political Economy*, 1994, 102(4): pp. 755 – 776.

17. Grossman, Sanford J. & Hart, Oliver, "The Cost and Benefits of Ownership: A Theory of Vertical and Lateral Integration" [J]. *Journal of Political Economy*, 1986, 94: pp. 691 – 719.

18. Hart, Oliver, Firms, "Contracts, and Financial Structure" [M]. *London: Oxford University Press*, 1995.

19. Hay Jonathan R. & Shleifer, A., "Private Enforcement of Public Laws: A Theory of Legal Reform" [J]. *AEA Papers and Proceeding*, 1998, 88(2): pp. 398 – 403.

20. Hobbes, T. Leviathan [M]. *New York: Collier*, 1962.

21. Karpoff, J. M. & Lott, John. R, Jr, "The Reputational Penalty Firms Bear from Committing Criminal Fraud" [J]. *Journal of Law and Economics*, 1993, 36: pp. 757 – 802.

22. Kaplow, Louis. & Shavell, Steven. "Accuracy in the Determination of Liability" [J]. *Journal of Law and Economics*, 1994, 37: pp. 1 – 15.

23. Landes, William & Posner, Richard, A. "The Independent Judiciary in an Interest-group Perspective" [J]. *Journal of Law and Economics*, 1975, 3(12): pp. 875 – 901.

24. Mookherjee. Dilip & Png, I. P. L., "Marginal Deterrence in Enforcement of Law" [J]. *Journal of Political Economy*, 1994, 102: pp. 1039 – 1066.

25. Murphy, K., Shleifer. A and Vishny, R., "The Allocation of Talent: Implications for growth", *In Quarterly Journal of Economics*, Vol. 106: pp. 503 – 530.

26. Niskanen, William, A. "Bureaucrats and Politicians" [J]. *Journal of Law and Economics*, 1975, 18: pp. 617 – 643.

27. North, Douglass C. & Weingast, Barry R. "Constitutions and Commitment: The Evolution of Institutions Governing Public Choice in Seventeenth-Century England" [J]. *Journal of Economic History*, 1989, 49(4): pp. 803 – 832.

28. Peltzman, S. "Toward a More General Theory of Regulation" [J]. *Journal of Law and Economics*, 1976, 19: pp. 211 – 240.

29. Polinsky, A. Mitchell. & Shavell, Steven. "A Note on Optimal Fines When Wealth Varies Among Individuals" [J]. *American Economic Review*, 1991, 81: pp. 618 – 621.

30. Polinsky, A. Mitchell. & Shavell, Steven. "Corruption and Optimal Law Enforcement" [J]. *Journal of Public Economics*, 2001, 81: pp. 1 – 24.

31. Polinsky, A. Mitchell. & Shavell, Steven. "Enforcement Costs and the Optimal Magnitude and Probability of Fines" [J]. *Journal of Law and Economics*, 1992, 35: pp. 133 – 148.

32. Polinsky, A. Mitchell. & Shavell, Steven. "Should Employees Be Subject to Fines and Imprisonment Given the Existence of Corporate Liability?" [J]. *International Review of Law and Economics*, 1993, 13: pp. 305 – 324.

33. Polinsky, A. Mitchell. & Shavell, Steven. "The Economic Theory of Public Enforcement of Law" [J]. *Journal of Economic*

Literature, 2000, 3: pp. 45 – 76.

34. Polinsky, A. Mitchell. & Shavell, Steven. "The Optimal Tradeoff Between the Probability and Magnitude of Fines" [J]. *American Economic Review*, 1979, 69: pp. 880 – 891.

35. Polinsky, A. Mitchell. & Shavell, Steven. "The Optimal Use of Fines and Imprisonment" [J]. *Journal of Public Economics*, 1984, 24: pp. 89 – 99.

36. Polinsky, A. Mitchell. "Private Versus Public Enforcement of Fines" [J]. *Journal of Legal Studies*, 1980, 9: pp. 105 – 127.

37. Posner, Richard A, "Theories of Economic Regulation" [J]. *Bell Journal Economics and Management Science*, 1974, 5 (2): pp. 335 – 358.

38. Priest George L. & Klein, B. "The Selection of Disputes for Litigation" [J]. *Journal of Legal Studies*, 1984, 1: pp. 1 – 55.

39. Priest George L. "The Common Law Process and the Selection of Efficient Rules" [J]. *Journal of Legal Studies*, 1977, 1: pp. 65 – 82.

40. Rubin, Paul, H. "Why is the Common Law Efficient?" [J]. *Journal of Legal Studies*, 1977, 1: pp. 51 – 63.

41. Shavell, Steven, "Liability for Harm Versus Regulation of Safety" [J]. *Journal of Legal Studies*, 1984, 2: pp. 357 – 374.

42. Shavell, Steven, "Strict Liability Versus Negligence" [J]. *Journal of Legal Studies*, 1980, 9: pp. 1 – 25.

43. Shavell, Steven, "The Optimal Structure of Law Enforcement" [J]. *Journal of Law and Economics*, 1993, 36: pp. 255 – 287.

44. Shavell, Steven, "Specific Versus General Enforcement of Law"[J]. *Journal of Political Economy*, 1991, 99: pp. 123 – 132.

45. Shavell, Steven, "The Optimal Level of Corporate Liability Given the Limited Ability of Corporations to Penalize Their Employees"[J]. *International Review of Law and Economics*, 1997, 17: pp. 203 – 213.

46. Shavell, Steven, "The Optimal Use of Nonmonetary Sanctions as a Deterrent"[J]. *American Economic Review*, 1987, 77: pp. 107 – 110.

47. Shleifer, A. & Vishny, Robert, W. "A Survey of Corporate Governance"[J]. *Journal of Finance*, 1997, 52(2): pp. 737 – 783.

48. Shleifer, A. & Vishny, Robert W. "Corruption"[J]. *The Quarterly Journal of Economics*, 1993, 108: pp. 599 – 617.

49. Spence, A. M. "Job Marketing Signaling"[J]. *Quarterly Journal of Economics*, 1974, 87: pp. 355 – 374.

50. Stigler, George J & Friedland, C. "What Can Regulation Regulate? The Case of Electricity"[J]. *Journal of Law and Economics*, 1962, 5(10): pp. 1 – 16.

51. Stigler, George J. "The Economics of Information"[J]. *Journal of Political Economy*, 1961, 69 (6): pp. 213 – 225.

52. Stigler, George J. "The Optimum Enforcement of Law"[J]. *Journal of Political Economy*, 1970, 78: pp. 526 – 536.

53. Stigler, George J. "Public Regulation of the Securities Market"[J]. *Journal of Business*, 1964, 37: pp. 117 – 142.

54. Stigler, George, J. "The Theory of Economic Regulation"[J]. *Bell Journal of Economics and Management Science*, 1971, 2:

pp. 3 – 21.

55. Tirole, Jean. "Incomplete Contracts: Where Do We Stand?" [J]. *Econometrica*, 1999, 67: pp. 741 – 781.

二、中文著作

1. [秘鲁]德·索托著:《资本的秘密》,于海生译,华夏出版社2007年版。

2. [美]博尔顿、德瓦特里庞著:《合同理论》,费方域译,格致出版社、上海人民出版社2008年版。

3. [美]道格拉斯·G. 拜尔、罗伯特·H. 格特纳、兰德尔·C. 皮克著:《法律的博弈分析》,法律出版社1999年版。

4. [意]切萨雷·贝卡里亚著:《论犯罪与惩罚》,黄风译,中国大百科全书出版社2003年版。

5. [英]杰里米·边沁著:《道德与立法原理导论》,时殷弘译,商务印书馆2002年版。

6. [美]理查德·A. 波斯纳著:《法律的经济分析》,蒋兆康译,中国大百科全书出版社1997年版。

7. [加]克里斯蒂娅·弗里兰著:《世纪大拍卖——俄罗斯转轨的内幕故事》,刘卫译,中信出版社2004年版。

8. 何立慧:《选择性执法的成本、收益和激励效应的经济分析》,载《兰州商学院学报》2005年第2期。

9. Jeffrey Sachs、胡永泰、杨小凯:《经济改革和宪政转轨》,载《经济学》(季刊)第2卷2003年第4期,第961～988页。

10. [美]卡塔琳娜·皮斯托、许成钢:《不完备法律——一个概念性分析框架及其在金融市场监管发展中的应用》(上),载吴敬琏主编:《比较》(第三辑),中信出版社2002年版。

11. [美]卡塔琳娜·皮斯托、许成钢:《不完备法律——一个概念性分析框架及其在金融市场监管发展中的应用》(下),载吴敬琏主编:《比较》(第四辑),中信出版社 2003 年版。

12. [美]卡塔琳娜·皮斯托、许成钢:《执法之外的机制》,载吴敬琏主编:《比较》(第六辑),中信出版社 2003 年版。

13. [美]罗伯特·考特、托马斯·尤伦著:《法和经济学》,张军译,上海人民出版社、上海三联书店 1994 年版。

14. 廖海:《美国司法独立争论的历史考察》,载《法律科学》1999 年第 1 期,第 30 ~ 39 页。

15. 卢锋、姚洋:《金融压抑下的法治、金融发展和经济增长》,载《中国社会科学》2004 年第 1 期,第 42 ~ 55 页。

16. [美]道格拉斯·C. 诺思著:《经济史中的结构与变迁》,陈郁、罗华平译,上海三联书店、上海人民出版社 1999 年版。

17. 王锡锌:《中国行政执法困境的个案解读》,载《法学研究》2005 年第 3 期,第 1 ~ 13 页。

18. [美]奥利费·E. 威廉姆森著:《资本主义经济制度——论企业签约与市场签约》,段毅才、王伟译,商务印书馆 2002 年版。

19. 吴晓波著:《激荡三十年:中国企业 1978 – 2008》(上、下),中信出版社、浙江人民出版社 2007 年版。

20. 许成钢:《法律、执法与金融监管——介绍"法律的不完备性理论"》,载《经济社会体制比较》2001 年第 5 期,第 1 ~ 12 页。

21. 徐昕:《为什么禁而不止——体罚与规训的法经济学视角》,载《山东社会科学》2004 年第 12 期,第 73 ~ 79 页。

22. [英]亚当·斯密著:《国富论》,唐日升等编译,商务印书馆 1997 年版。

23. 杨晓维:《渎职的经济分析》,载《经济研究》1994 年第 1 期,第 58 ~ 64 页。

24. 张维迎著:《博弈论与信息经济学》,上海三联书店、上海人民出版社 1996 年版。

25. 张维迎著:《产权、政府与信誉》,生活 · 读书 · 新知三联书店 2001 年版。

26. 张维迎:《公有制经济中的委托人——代理人关系:理论分析和政策含义》,载《经济研究》1995 年第 4 期,第 10 ~ 21 页。

27. 张维迎:《张维迎教授关于管制与放松管制的系列谈话录》,载《21 世纪经济报道》2001 年 3 月 17 日。

28. 张五常著:《经济解释》(第一、二、三卷),花千树出版社 2002 年版。

29. 周黎安:《晋升博弈中政府官员的激励与合作——兼论我国地方保护主义和重复建设问题长期存在的原因》,载《经济研究》2004 年第 6 期,第 33 ~ 40 页。

30. 周黎安、张军:《为增长而竞争:中国增长的政治经济学》,上海人民出版社 2008 年版。

31. 周旺生:《法律难行与立法质量》,载爱思想网,www.aisixiang.com。

32. 周其仁:《制度企业家麦高文》,载《IT 经济世界》第 21 期。

致　谢

“做什么远比怎么做更重要!”对一个刚刚踏入经济学殿堂的博士生来说,面对似乎到处都已经足够完备精致的经济学理论,那种迷茫、找不到方向的感觉是最痛苦的。这时,我的恩师——北京师范大学杨晓维教授建议我以选择性执法作为研究对象。对于学生时代的我而言,它就犹如一盏黑夜中的明灯。博士毕业以后,随着对这个问题的深入思考,我越来越觉得它是理解转型时期中国法治的一把钥匙。十年过去了,就有了这本呈现在大家面前的小作。毫无疑问,它还褪不去学生时代的青涩,掩饰不住刚入行的青年学者的被各种考核催着跑的匆忙。尽管如此,如果它偶尔也能让你看到一些思想的火花,让似乎杂乱的世界在你面前变得有那么一点轮廓,我就很有成就感了。

从一文不名的乡下“润土”到转身成为法学院的法律经济学教授需要经历的坎坷，只有相似经历的人才能真正感同身受。这中间是杨晓维教授引领我一窥经济学门径，也是他带我进入学术的殿堂，可以说，没有他，我的人生将会截然不同。他的恩情，不是言语能表达的。西南财经大学法学院的高晋康教授是我的东家，更是我的伯乐，一个宽松自由的研究环境，没有他无私的帮助是很难获得的。母亲的离去是我最大的苦痛，如果她能在天堂看到我对她的歉意、对她的思念，我也就能稍许心安。刘臻的到来让我走出了悲苦，更摆脱了病魔，让我的生活重新有了阳光。最后感谢庄晓静对本书格式的调整。

戴治勇

2018 年 7 月

图书在版编目(CIP)数据

执法经济学：以转型时期的中国法治为研究对象 / 戴治勇著. -- 北京：法律出版社，2017
ISBN 978-7-5197-1156-6

Ⅰ. ①执… Ⅱ. ①戴… Ⅲ. ①行政执法-研究-中国 ②经济学-研究-中国 Ⅳ. ①D922.114②F120.2

中国版本图书馆 CIP 数据核字(2017)第174059号

执法经济学：以转型时期的中国法治为研究对象
ZHIFA JINGJIXUE：YI ZHUANXING SHIQI DE ZHONGGUO FAZHI WEI YANJIU DUIXIANG

戴治勇 著

策划编辑 郑 导
责任编辑 郑 导
装帧设计 汪奇峰

出版 法律出版社
总发行 中国法律图书有限公司
经销 新华书店
印刷 北京玺诚印务有限公司
责任校对 王晓萍
责任印制 张建伟

编辑统筹 独立项目策划部
开本 A5
印张 5.875
字数 156千
版本 2018年12月第1版
印次 2018年12月第1次印刷

法律出版社/北京市丰台区莲花池西里7号(100073)
网址/www.lawpress.com.cn
投稿邮箱/info@lawpress.com.cn
举报维权邮箱/jbwq@lawpress.com.cn
销售热线/010-83938336
咨询电话/010-63939796

中国法律图书有限公司/北京市丰台区莲花池西里7号(100073)
全国各地中法图分、子公司销售电话：
统一销售客服/400-660-6393
第一法律书店/010-83938334/8335
重庆分公司/023-67453036
深圳分公司/0755-83072995
西安分公司/029-85330678
上海分公司/021-62071639/1636

书号：ISBN 978-7-5197-1156-6
定价：40.00元
(如有缺页或倒装，中国法律图书有限公司负责退换)